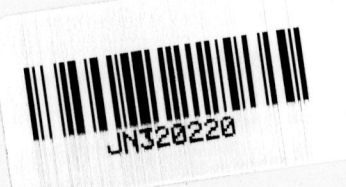

教科書と一緒に使える　上巻

小学校理科の実験・観察ナビ

宮内主斗・玉井裕和 編著

日本標準

本書をお読みになる
みなさんへ

私たちは、理科が大好きな教師です。世代交代が進む教育現場で、「理科実験は、基本を守って楽しく取り組んでほしい」と思い、この本作りに取り組みました。

教育現場に意外に多いのが、「教科書どおりに実験がうまくいかない」という声です。教科書の実験は、何回も試されているので、それなりに一定の成果を上げやすいはずです。

しかしながら、うまくいかないことがあるのは、「こうすると失敗する」、「こうして失敗を避ける」ということが書かれていないためでもあるでしょう。「この器具はこう使うものなのだ」という部分についても、みんながわかっているものとして書かれることが多かったのです。

この本の特徴は、「パッと見てわかる」と「じっくり読んでわかる」を両立したことです。

最初の見開きで、「パッと見てわかる」ようにしています。失敗しやすいところを回避する方法も示しました。多くの人たちが、経験を積んで初めてわかることを、なるべく明文化するように努めました。ここのページを読むだけで、実験に自信がもてます。

でも、それだけでは単なる実験の手引き書と変わりません。物足りない人もいることでしょう。そこで、私たちは、その先を目指しました。「なぜそうするのか」などを科学的に説明することを、大切にしました。実験のやり方は、科学的、合理的なのです。ちゃんとした学問的な裏付けがあることが、ほとんどです。「なぜそうするのか」がわかれば、応用ができます。ますます、実験に自信がもてるようになります。

この本を読むことによって、自信をもって指導に当たられる先生方が増えれば、著者として幸せです。

2011年８月

宮内主斗　玉井裕和

本書の使い方

本書は、「理科の実験や観察は苦手だ」という教師には「こんな失敗…」「これで解決!!」を手がかりにわかりやすく、「理科は好きだからもう少し専門的な知識を深めたい」という教師には「科学のメガネ」「もっと知りたい！」で詳しく、理科の実験や観察の楽しさを伝える工夫がされた本です。

見開き単位で構成されており、最初の見開きは一目で内容がわかるように図や写真入りでビジュアルに、次の見開きは文章主体で理論的に、実験や観察の内容が書かれています。

本書の機能を有効に使って、理科の実験・観察に役立ててください。

❶ タイトル	授業の単元から本書のテーマが、本書のテーマから授業の単元がイメージできるように、タイトルをつけました。複数のテーマを関連させてシリーズで取り上げたものもあります。
❷ インデックス	実験や観察を進めるための段階を、本文内容と関連させてインデックスで示すようにしました。
❸ 学習指導要領との関連	本書のテーマと学習指導要領との関連を大まかに示しましたが、実験・観察に共通して使われる器具などは、アイテムと位置づけて示しました。
❹ タイトル下本文	タイトルと関連する具体物（実験装置や器具など）を中心に取り上げました。
❺「こんな失敗…」「これで解決 !!」	誰もが一度は体験すると思われる「失敗」を取り上げ、その対処方法を「これで解決 !!」に示しました。ここを読むだけでも、実験や観察への不安が解消されます。
❻「●○●しよう！」	❺の「これで解決 !!」の理解を深めるために、調べたり、実験や観察をしたりするための、手順や解説を示しました。
❼「tips」「caution」など	本文に関連して示しておきたい豆知識やコツ、ヒントなどを「tips」として取り上げました。また、とくに注意を促したい内容については「caution」として取り上げました。
❽「科学のメガネ」	タイトルページの見開きの内容を踏み込んで解説したコラムです。複数のテーマを関連させてシリーズで取り上げたものについては、その関連のなかでコラムを構成しました。
❾「もっと知りたい！」	テーマから派生した専門的な課題を取り上げました。興味・関心が深まるようにコラムを構成しました。

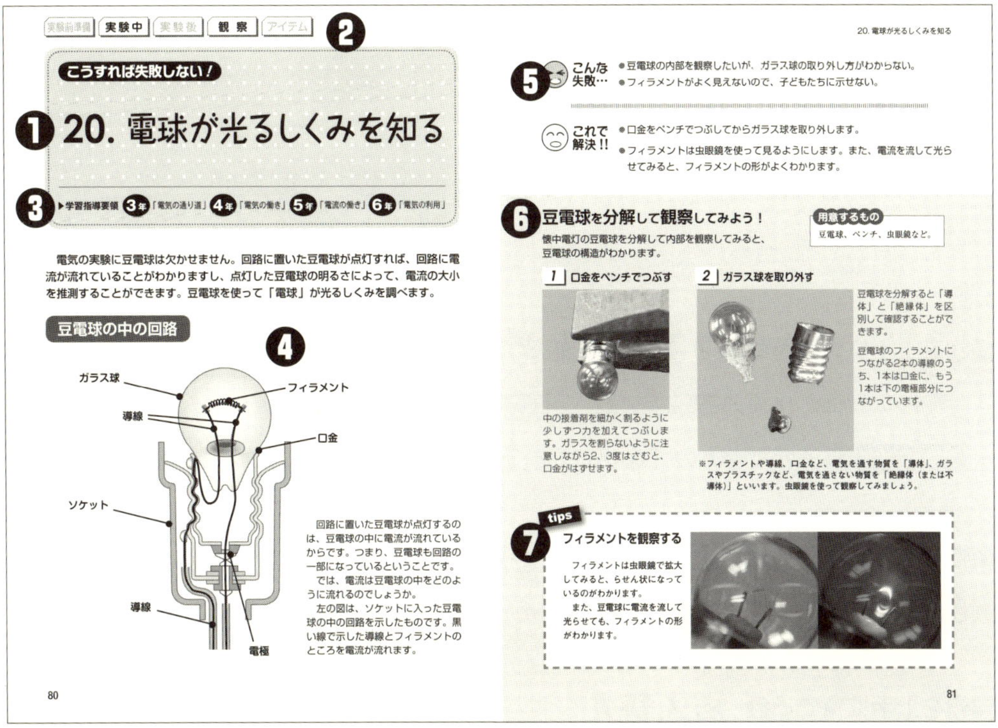

実験前準備　実験中　実験後　観察　アイテム　❷

こうすれば失敗しない！

❶ # 20. 電球が光るしくみを知る

❸ ▶学習指導要領 3年「電気の通り道」 4年「電気の働き」 5年「電流の働き」 6年「電気の利用」

電気の実験に豆電球は欠かせません。回路に置いた豆電球が点灯すれば、回路に電流が流れていることがわかりますし、点灯した豆電球の明るさによって、電流の大小を推測することができます。豆電球を使って「電球」が光るしくみを調べます。

豆電球の中の回路　❹

回路に置いた豆電球が点灯するのは、豆電球の中に電流が流れているからです。つまり、豆電球も回路の一部になっているということです。

では、電流は豆電球の中をどのように流れるのでしょうか。

左の図は、ソケットに入った豆電球の中の回路を示したものです。黒い線で示した導線とフィラメントのところを電流が流れます。

80

20. 電球が光るしくみを知る

❺ こんな失敗…
- 豆電球の内部を観察したいが、ガラス球の取り外し方がわからない。
- フィラメントがよく見えないので、子どもたちに示せない。

これで解決!!
- 口金をペンチでつぶしてからガラス球を取り外します。
- フィラメントは虫眼鏡を使って見るようにします。また、電流を流して光らせてみると、フィラメントの形がよくわかります。

❻ 豆電球を分解して観察してみよう！

懐中電灯の豆電球を分解して内部を観察してみると、豆電球の構造がわかります。

用意するもの
豆電球、ペンチ、虫眼鏡など。

1 口金をペンチでつぶす

中の接着剤を細かく割るように少しずつ力を加えてつぶします。ガラスを割らないように注意しながら2、3度はさむと、口金がはずせます。

2 ガラス球を取り外す

豆電球を分解すると「導体」と「絶縁体」を区別して確認することができます。

豆電球のフィラメントにつながる2本の導線のうち、1本は口金に、もう1本は下の電極部分につながっています。

※フィラメントや導線、口金など、電気を通す物質を「導体」、ガラスやプラスチックなど、電気を通さない物質を「絶縁体（または不導体）」といいます。虫眼鏡を使って観察してみましょう。

❼ tips フィラメントを観察する

フィラメントは虫眼鏡で拡大してみると、らせん状になっているのがわかります。

また、豆電球に電流を流して光らせても、フィラメントの形がわかります。

81

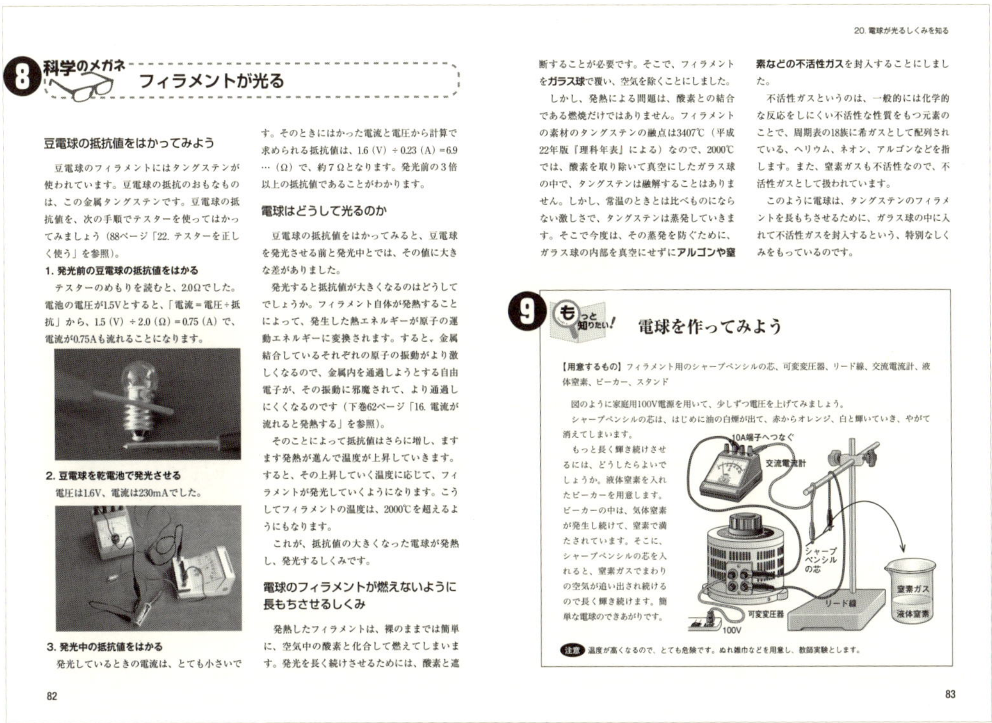

20. 電球が光るしくみを知る

❽ 科学のメガネ　フィラメントが光る

豆電球の抵抗値をはかってみよう

豆電球のフィラメントにはタングステンが使われています。豆電球の抵抗のおもなものは、この金属タングステンです。豆電球の抵抗値を、次の手順でテスターを使ってはかってみましょう（88ページ「22. テスターを正しく使う」を参照）。

1. 発光前の豆電球の抵抗値をはかる

テスターのめもりを読むと、2.0Ωでした。電池の電圧が1.5Vとすると、「電流＝電圧÷抵抗」から、1.5（V）÷2.0（Ω）＝0.75（A）で、電流が0.75Aも流れることになります。

2. 豆電球を乾電池で発光させる

電圧は1.6V、電流は230mAでした。

3. 発光中の抵抗値をはかる

発光しているときの電流は、とても小さいです。そのときにはかった電流と電圧から計算で求められる抵抗値は、1.6（V）÷0.23（A）＝6.9…（Ω）で、約7Ωとなります。発光前の3倍以上の抵抗値であることがわかります。

電球はどうして光るのか

豆電球の抵抗値をはかってみると、豆電球を発光させる前と発光中とでは、その値に大きな差がありました。

発光すると抵抗値が大きくなるのはどうしてでしょうか。フィラメント自体が発熱することによって、発生した熱エネルギーが原子の運動エネルギーに変換されます。すると、金属結合しているそれぞれの原子の振動がより激しくなるので、金属内を通過しようとする自由電子が、その振動に邪魔されて、より通過しにくくなるのです（下巻62ページ「16. 電流が流れると発熱する」を参照）。

そのことによって抵抗値はさらに増し、ますます発熱が進んで温度が上昇していきます。すると、その上昇していく温度に応じて、フィラメントが発光していくようになります。こうしてフィラメントの温度は、2000℃を超えるようにもなります。

これが、抵抗値の大きくなった電球が発熱し、発光するしくみです。

電球のフィラメントが燃えないように長もちさせるしくみ

発熱したフィラメントは、裸のままでは簡単に、空気中の酸素と化合して燃えてしまいます。発光を長く続けさせるためには、酸素と遮断することが必要です。そこで、フィラメントを**ガラス球**で覆い、空気を除くことにしました。

しかし、発熱による問題は、酸素との結合である燃焼だけではありません。フィラメントの素材のタングステンの融点は3407℃（平成22年版『理科年表』による）なので、2000℃では、酸素を取り除いて真空にしたガラス球の中で、タングステンは融解することはありません。しかし、常温のときとは比べものにならない激しさで、タングステンは蒸発していきます。そこで今度は、その蒸発を防ぐために、ガラス球の内部を真空にせずに**アルゴンや窒素などの不活性ガス**を封入することにしました。

不活性ガスというのは、一般的には化学的な反応をしにくい不活性な性質をもつ元素のことで、周期表の18族に希ガスとして配列されている、ヘリウム、ネオン、アルゴンなどを指します。また、窒素ガスも不活性なので、不活性ガスとして扱われています。

このように電球は、タングステンのフィラメントを長もちさせるために、ガラス球の中に入れて不活性ガスを封入するという、特別なしくみをもっているのです。

❾ もっと知りたい！　電球を作ってみよう

【用意するもの】フィラメント用のシャープペンシルの芯、可変変圧器、リード線、交流電流計、液体窒素、ビーカー、スタンド

図のように家庭用100V電源を用いて、少しずつ電圧を上げてみましょう。

シャープペンシルの芯は、はじめに油の白煙が出て、赤からオレンジ、白と輝いていき、やがて消えてしまいます。

もっと長く輝き続けさせるには、どうしたらよいでしょうか。液体窒素を入れたビーカーを用意します。ビーカーの中は、気体窒素が発生し続けて、窒素で満たされています。そこに、シャープペンシルの芯を入れると、窒素ガスでまわりの空気が追い出され続けるので長く輝き続けます。簡単な電球のできあがりです。

注意 温度が高くなるので、とても危険です。ぬれ雑巾などを用意し、教師実験とします。

82

83

もくじ

教科書と一緒に使える
小学校理科の実験・観察ナビ●上巻

本書をお読みになるみなさんへ —— 3

本書の使い方 —— 4

1. 植物を上手に育てる❶ 種子の「まき方」 —— 12

まいた種子がなかなか発芽しない。 種子の種類によってまき方が違います。

科学のメガネ 種子のまき方の「なぜ」に迫る

2. 植物を上手に育てる❷ 発芽の条件と土 —— 16

「まきどき」を考えてたねまきしたのに芽が出ない！ 発芽には水や温度のほかに空気が必要です。

3. 植物を上手に育てる❸ 植え替え —— 18

ポットの苗を植え替えたらしおれてしまった。 植え替えは根のまわりの土ごと一緒に移します。

科学のメガネ 植物を元気に成育させるためには もっと知りたい！ 培養土作り

4. カブトムシの飼育 —— 22

カブトムシを一晩で死なせてしまった。 カブトムシの生活に合うように、環境を整えましょう。

科学のメガネ カブトムシは、こんな昆虫！ もっと知りたい！ 黒蜜の作り方

5. チョウを育てる —— 26

チョウの幼虫が死んでしまった。 幼虫の種類に合った新鮮なえさが必要です。

科学のメガネ チョウの変身がわかる“びっくり箱”の観察を もっと知りたい！ 寄生昆虫の生き様に触れる

6. クモの飼育 —— 30

クモの育て方がわからない。 飼育するクモの生態を調べて飼育のしかたを決めましょう。

科学のメガネ クモの生態を知ろう！ もっと知りたい！ 加治木町の「クモ合戦」

7. 虫眼鏡を上手に使う ―――― 34

虫眼鏡で花や葉を大きく見ることができなかった。 対象物を大きく見る方法を身につけましょう。

科学のメガネ 虫眼鏡に使われている凸レンズのはたらき

8. ドライアイスの性質 ―――― 38

冷凍庫に入れたドライアイスがなくなった。 新聞紙にくるんで保冷ボックスに入れると長もちします。

科学のメガネ ドライアイスは冷凍庫の中よりも冷たい　もっと知りたい! ドライアイスのおもしろい実験

9. 注射器より使いやすい浣腸器 ―――― 42

空気の性質を知る実験で注射器がもとの位置に戻らなかった。 浣腸器を使ってみましょう。

10. ドライバーの正しい使い方 ―――― 44

ネジ山がつぶれてしまった。 ネジ山に合ったドライバーを使いましょう。

科学のメガネ ドライバーを使いこなすコツ　もっと知りたい! 締めることしかできないネジとは?

11. マッチを上手に使う❶ マッチのしくみを知る ―――― 48

マッチを擦っても火がつかない。 マッチの頭薬と側薬をしっかり擦り合わせます。

12. マッチを上手に使う❷ マッチを安全に使う ―――― 50

マッチを擦るとき、軸を折ってしまった。 マッチ棒は、親指、人差し指、中指で持って擦ります。

科学のメガネ マッチのことをもっと知るために

13. 摩擦マッチのしくみ ―『マッチ売りの少女』のマッチのふしぎ― ―――― 54

マッチ棒の頭薬を壁に擦ったが火がつかなかった。 「ロウマッチ」という特別なマッチを使います。

14. 温度計を正しく使う ―――― 56

実際よりも高い温度や低い温度を読みとってしまう。 温度計の温度は液柱の先を真横から見ます。

科学のメガネ 棒状温度計をくわしく調べる　もっと知りたい! 用途に応じて温度計を選ぶ

15. アルコールランプを安全に使う ―― 62

子どもたちにアルコールランプを安全に使わせる自信がない。 使い方の基本を押さえましょう。

科学のメガネ アルコールランプの取り扱い もっと知りたい! アルコールランプの点検

16. ぬれ雑巾を使った安全対策 ―― 66

ノートがアルコールランプの炎で燃えてしまった。 あわてずにぬれ雑巾をかぶせて消火しましょう。

17. 磁石の正しい保管法 ―― 68

磁石の磁力が弱くなってしまった。 磁石の極が引きあう向きに並べて保管します。

科学のメガネ 磁石にはなぜ、正しい保管が必要なのだろう

18. 方位磁針のメンテナンス ―― 72

方位磁針のN極とS極が逆を向いた。 強い磁石を使って正しい方位に向け直すことができます。

科学のメガネ 方位磁針の原理

19. 電池（乾電池）を使う―豆電球にあかりをつける― ―― 76

乾電池をつないだが、豆電球がつかなかった。 古い乾電池ではなく新しいものを使いましょう。

科学のメガネ 分子レベルで考える電池のしくみ もっと知りたい! 「内部抵抗」って何？

20. 電球が光るしくみを知る ―― 80

豆電球のガラス球の取り外し方がわからない。 口金をペンチでつぶしてからガラス球を取り外します。

科学のメガネ フィラメントが光る もっと知りたい! 電球を作ってみよう

21. 光電池を使う―豆電球にあかりをつける／モーターを回す― ―― 84

光電池1個に豆電球を接続しても豆電球が光らない。 光電池にあたる光の強さを変えてみましょう。

科学のメガネ 光と電気の関係 もっと知りたい! 光電池の電圧と電流

22. テスターを正しく使う ―― 88

テスターのメーターの針が振り切れてしまった。　テスターの正しい使い方をマスターしましょう。

科学のメガネ　テスターの正しい上手な使い方　もっと知りたい！ 100V、5Wの電球の抵抗は180Ω？

23. ホットプレートを有効に使う ―― 92

アルコールランプでスライドガラスを加熱したら割れてしまった。

ホットプレートを使うとよいでしょう。全体を均一に温められます。

24. 上手なはんだづけのコツ ―― 94

導線とクリップをはんだづけできない。　はんだづけのしくみを知って、コツを覚えましょう。

科学のメガネ　はんだづけ上達のために

25. 導線の被覆をきれいに取り除く ―― 98

導線のビニルを取り除くとき、銅の芯線を切ってしまった。　作業に適した専用工具を使います。

26. これは便利！　インバーター蛍光灯 ―― 100

蛍光灯のあかりで観察したら、ちらついて目が疲れた。　インバーター蛍光灯を使って観察します。

27. ゴム栓はポリ袋に入れて保管する ―― 102

ゴム栓がかたくなっていて、実験器具の栓に使えなかった。

劣化が原因です。ゴム栓の保管に気をつけましょう。

28. ガラスの性質を知って実験器具を安全に扱う ―― 104

手を滑らせてガラス器具を割ってしまった。　手やガラス器具をよくふいて、注意して取り扱いましょう。

29. ゴム栓にガラス管を通すときのテクニック ―― 106

ゴム栓に通す途中でガラス管が折れた。　ゴム栓に切り口のきれいな穴をあけてから差し込みます。

科学のメガネ　ゴム栓にガラス管を通すことの“科学”　もっと知りたい！ ガラス管が抜けないときの対処法

30. 身近な実験器具？　ペットボトルを活用する —— 110

ペットボトルにどんな液体なら入れても大丈夫なのかわからない。

ペットボトルの性質を知って使いましょう。

31. 後片づけに「湯のはたらき」 —— 112

砂糖が机やアルコールランプにこびりついてしまった。　湯を用意して、湯で洗いましょう。

32. デジタル表示に欠かせない液晶画面のしくみ —— 114

液晶画面にかたいものをぶつけてしまった。　修理できないので未然に防ぐしかありません。

科学のメガネ　液晶モニタとブラウン管

33. ハロゲンランプの使い方 —— 118

プロジェクターを使い終わってすぐコンセントを抜いたら、電球が切れてしまった。

プロジェクターのファンが停止してからコンセントを抜きましょう。

34. 土星の環《わ》を見る —— 120

望遠鏡で土星を観察できなかった。　土星のよく見える時期と位置を事前に確認しておきます。

科学のメガネ　土星の環の観察テクニック　もっと知りたい!　土星の環が消える

35. 天の川を見る —— 124

天の川を観察できなかった。　観察する場所、使う機材、月の条件を考えて観察しましょう。

科学のメガネ　天の川にはたくさんの星が見える　もっと知りたい!　銀河の話

〔資料〕科学を深める基礎・基本
数式や化学式は科学の有力な道具 —— 128

編者・著者一覧 —— 132

こうすれば失敗しない！

実験・観察

こんな
失敗…

これで
解決!!

こうすれば失敗しない！

1. 植物を上手に育てる❶ 種子の「まき方」

▶学習指導要領 3年「昆虫と植物」 4年「季節と生物」 5年「植物の発芽、成長、結実」

植物を育てて観察する学習は、種子の「まき方」を学ぶことからはじめます。

たね袋から「まき方」のポイントをチェック

たねまきをする前に、種子の入っている袋の説明書きを読んで、
あらかじめ育て方のポイントをチェックしておきます。

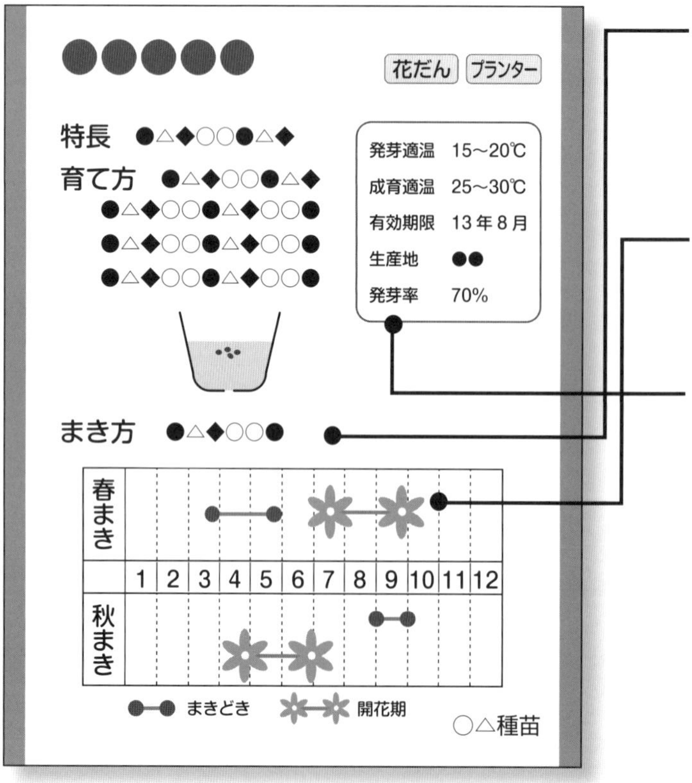

チェック①
「まき方」を見る
➡「科学のメガネ」
1．3．5．6．7．を参照

チェック②
「まきどき」を見る
➡「科学のメガネ」2．を参照

チェック③
「発芽率」を見る
➡「科学のメガネ」4．を参照

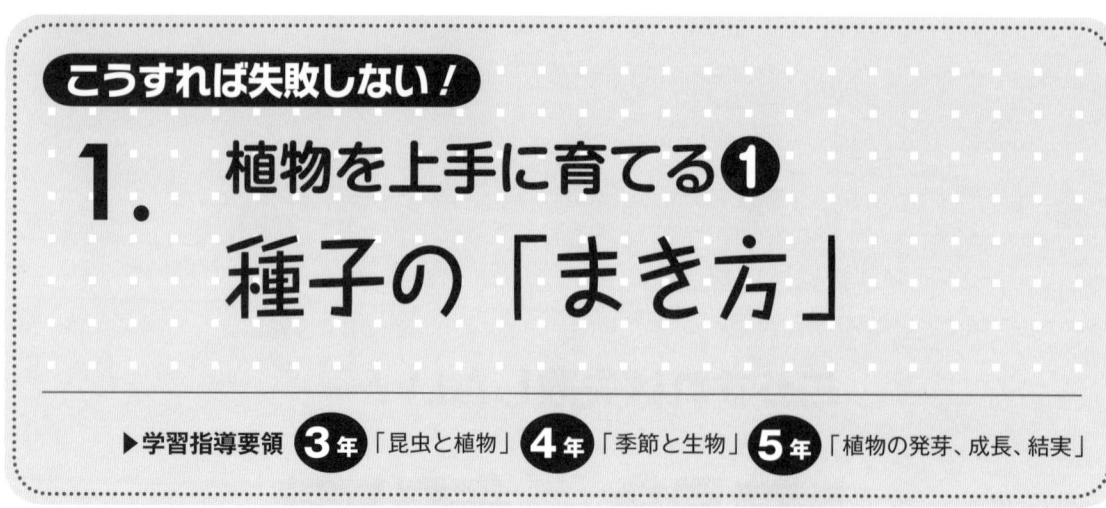

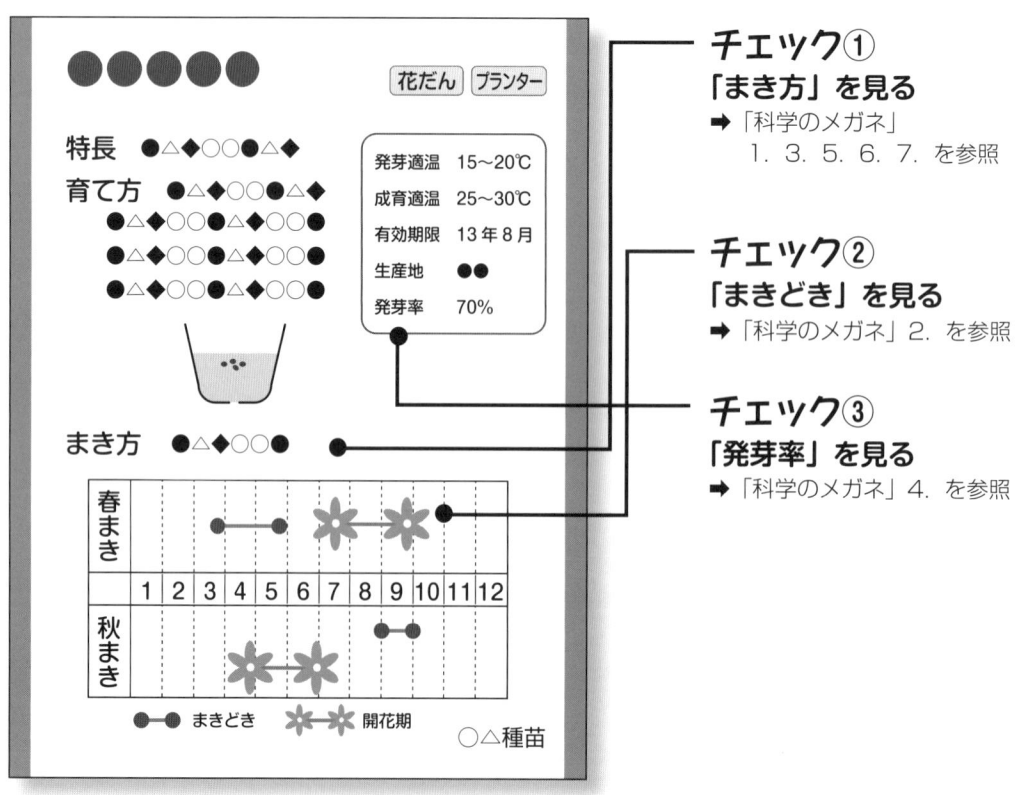

こんな失敗…

●まいた種子がなかなか発芽しない。種子が腐ってしまったみたいで、1～2本しか発芽しなかった。

これで解決!!

●種子の種類によってまき方が違います。種子の入っている袋の説明書きをよく読んで、その植物の種子に適した方法でまきましょう。

種子をまいてみよう！

たね袋に書かれているまき方をよく読んで種子をまいてみましょう。

用意するもの

種子、種子をまく容器（プランター、平鉢、プラグトレー、ポットなど）、たねまき用土、ふるいなど。

直まき

花壇やプランターなど直接成育させる場所に、じかに種子をまく方法です。移植に弱い植物の種子に適しています。

◘まき方のポイントやメリット

・発芽率のよい種子を選びます。
・まこうとしている地区のまきどきがいつかを確認します。
・小さな芽が支え合いながら育ちます。
・まき方には、「すじ」のように接近させて、すき間なくまく「すじまき」と、間隔をあけてまく「点まき」があります。

床・箱まき

箱まきしたネギ。苗が育ってきたので、成育する場所に移植をしてよい状態です。

苗床に種子をまいて発芽させ、苗が育ってから成育させる場所に移植する方法です。移植に強い植物の種子に適しています。

◘まき方のポイントやメリット

・雨風が避けられ、温度管理もしやすくなります。
・日当たりをコントロールできます。
・まこうとしている地区のまきどきを確認します。
・水の管理を忘れないようにします。

ポットまき

プラグトレーやポットに種子をまいて、ある程度大きく苗を育ててから、土ごと移植する方法です。

◘まき方のポイントやメリット

・風雨が避けられ、温度管理もしやすくなります。
・鳥や虫の被害にあいにくくなります。
・まきどきや1か所にまく個数を確認します。
・水の管理を忘れないようにします。

科学のメガネ

種子のまき方の「なぜ」に迫る

たね袋を確認する

たね袋には、種子のまき方や育て方に関する大事な情報が書かれています。チェックリストを一つひとつ丁寧に見ていきましょう。

1. 種子をどこにまきましたか

種子をまく場所によって、**まき方**が異なります。まき方には、直まき、床・箱まき、ポットまきなどがあります。

直まきとは花壇やプランターなど直接成育させる場所に種子をまく方法です。**床・箱まき**とは苗床に種子をまいて発芽させてから、成育させる場所に移植する方法です。**ポットまき**とはポットに種子をまいて苗がある程度大きくなってから、土ごと移植する方法です。

まく場所やまき方は、種子に適したものを選びます。それを間違えると発芽しない場合があります。

2. 種子にはまきどきがあります

種子には発芽に適した温度があり、たね袋には、**まきどき**が書かれています。それを確認することがたいせつです。また、たね袋には開花期も書かれています。まきどきと開花期には一般的に〈寒地・寒冷地〉〈温暖地〉〈暖地〉という区別があるので、地区に適したまきどきを選びます。まきどきをずらしてしまうと発芽しません。たとえば、秋まきの種子は、冬の寒さを乗り越えないと発芽できないのです。

3. 好光性と嫌光性の種子があります

植物の種子には太陽の光を好む**好光性**の種子と、好まない**嫌光性**の種子があります。そのため、種子をまいたときの土のかぶせ方によって、発芽しない場合もあります。たね袋には好光性と嫌光性についても書かれているので確認しましょう。

4. 種子は全部発芽すると思っていませんか

まいた種子が全部発芽することはありません。発芽しない場所や発芽しないポットができてしまうので、たねまきの際には1か所に2、3粒まくようにします。**発芽率**が袋に書いてあるので、確認しましょう。

5. 土のかけ方によっては道具も必要です

パンジーのような小さな種子をまくときには、土のかけ方によって発芽しないことがあるので気をつけます。ふるいを使って薄くまんべんなく土をかけるようにしましょう。

6. 発芽に必要な水の量にも注意しましょう

温暖湿潤を好むイネなどは、水没させても水中のわずかな空気で発芽できますが、ラッカセイは、種子をまく場所の水はけをよくしないと、発芽せずに腐ってしまうことがあります。

7. どんな土でもよいわけではありません

種子をまく土にも気をつけなければ発芽しないことがあります。発芽条件が自然にそろう土を選びます（土については、16ページ「2. 植物を上手に育てる❷発芽の条件と土」を参照）。

大粒の種子やかたい種子をまくとき工夫が必要なのはなぜ？

大粒の種子をまくときは、直まきの方法が適しています。大粒の種子は殻がかたいものが多く、花壇にまいても土をかぶせれば虫や鳥などに食べられないからです。ただし、ダイズの場合は発芽したらすぐにハトがその芽を食べに来ますから、寒冷紗などで覆いをする必要があります。

かたい種子のことを、硬《こう》実《じつ》種《しゅ》子《し》といいます。硬実種子は、ふつうにたねまきをしても発芽しないことがあるので、まく前に種子に傷をつけてからまいたり、種子をぬるま湯に一晩つけてからまいたりします。１年の生活科で扱うことが多いアサガオ、オクラやスイートピーなども硬実種子です。

たね袋に発芽適温が書かれているのはなぜ？

たね袋には、その種子の**発芽適温**や**成育適温**が書かれています。春にまく種子の発芽適温は15℃から20℃と書かれているものが多く、もう少し高い温度で発芽する植物については20℃から25℃と書かれているものもあります。

４年の栽培学習で、たね袋に発芽適温が25℃から30℃と書かれているツルレイシを使ったところ、４月の半ばにたねまきをしてもなかなか発芽せず、子どもたちが心配することがありました。ちなみに、ツルレイシの成育適温は30℃から35℃と書かれていました。

このように、種子にはそれぞれ発芽適温があります。まきどきを間違えると、発芽しないことがあるので、たね袋を確認することがたいせつです。

土のかけ方に注意しなければいけないのはなぜ？

好光性の種子は光に反応して発芽するので、土をかけると発芽しません。だから土をかけません。発芽するために光が必要な植物もあるのです。

一方、嫌光性の種子は光があたるとうまく発芽しないので、土を厚くかけるようにします。

種子が全部発芽しないのはなぜ？

種子は古くなると発芽率が落ちてきます。だから、新しいものを選ぶようにします。種子には**有効期限**があります。期限切れの種子をまいた場合、発芽しにくいこともあるので注意が必要です。たね袋には有効期限が記載されているので、確認できます。

また、１か所に複数の種子をまく必要があるものもあります。小さい種子の場合は小さい芽が互いに支えあいながら大きくなっていくからです。１か所にたくさんまいて、間引きしながら大きく育てていくのです。

種子をまく土を選ばなくてはならないのはなぜ？

たねまきのための土の条件は、第１に清潔であることです。土が清潔でないと細菌によって種子が腐ってしまいます。市販の消毒済みの土を使うか、苦土石灰を使って土を消毒してから、種子をまきます。第２に、通気性がよいことです。種子が発芽したあと、根のはたらきは水分と養分を吸収するだけではありません。酸素を吸って二酸化炭素を吐き出す呼吸作用を行っています。通気性が悪いと新しい空気を根に供給することはできません。第３に、排水性がよいことです。水はけがよければ水によって古い空気を押し出し、新しい空気をとり込むことができます。通気性がよければ排水性もよいということです。第４に、保水性がよいことです。水が抜けたあとでも土の粒の中に水分をためておくことができれば、根に水分を与えることができるのです。

たねまき用土のバーミキュライト、ピートモス、赤玉土は、これらの条件を満たしています。

こうすれば失敗しない！

2. 植物を上手に育てる❷ 発芽の条件と土

▶学習指導要領 4年「季節と生物」 5年「植物の発芽、成長、結実」

５年で種子の発芽条件を学習します。水・空気・適当な温度がその条件です。土に種子をまくときにも、その条件があてはまります。

発芽しやすい条件を考える

校庭では……

オクラの種子の発芽

- 花壇はどんなところに作られているだろう。
- 日あたりは関係あるの？
- 気温は関係あるの？
- 湿度は関係あるの？
- 風向きは関係あるの？

教室では……

どのように植物を育てているだろう？

こんな失敗…

●「まきどき」を考えてたねまきをしたのに、芽が出ない！　水もやっているし、ちょうどよい気温のはずなのに、なぜ芽が出ないのだろう。

これで解決!!

●発芽するには、水や温度のほかに空気が必要です。たねまき用の土は、よく耕してふわふわにしたり、空気を含みやすい土を用意したりします。

発芽に必要な条件を整えよう！

用意するもの

インゲンマメやトウモロコシの種子、プラスチックの入れ物、土、水など。

土の中に種子をまくときにも、
発芽する３つの条件がたいせつになります。
発芽の条件を考えて、
インゲンマメやトウモロコシなどをまいてみましょう。

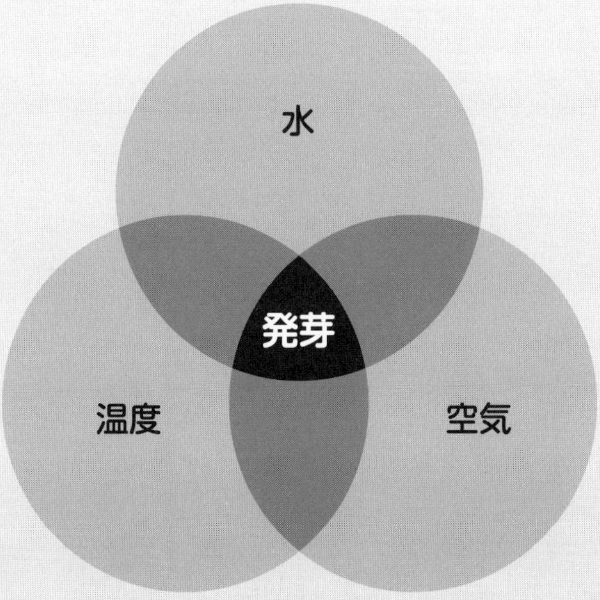

水と土の関係

土の中には適当な**水分**があり、種子が水を得ることができます。

空気と土の関係

土の中では、土の状態によって空気が不足する場合があります。それは、固められた土です。土は、ふわふわした状態のときに**空気**を含みます。ミミズが土の中を動き回ったり、有機物を食べてふんをしたりすることで、土の中に空間が生まれ、空気が含まれるようになります。

温度と土の関係

土はそれぞれの粒子の間に空気を含んでいます。その空気が日射を受けて温まり、土は温まった空気をとどめているので、土の中は**適当な温度**に保たれます。

※詳細は20ページの「科学のメガネ　植物を元気に成育させるためには」を参照してください。

こうすれば失敗しない！

3. 植物を上手に育てる❸ 植え替え

▶学習指導要領 3年「昆虫と植物」 4年「季節と生物」 5年「植物の発芽、成長、結実」 6年「植物の養分と水の通り道」

ポットまきした種子は、苗の成長とともに植え替えが必要です。上手に植え替える方法を学習します。

植物の成長を観察する

ヘチマやホウセンカ、ヒャクニチソウなどの種子をポットにまいて成長を観察します。

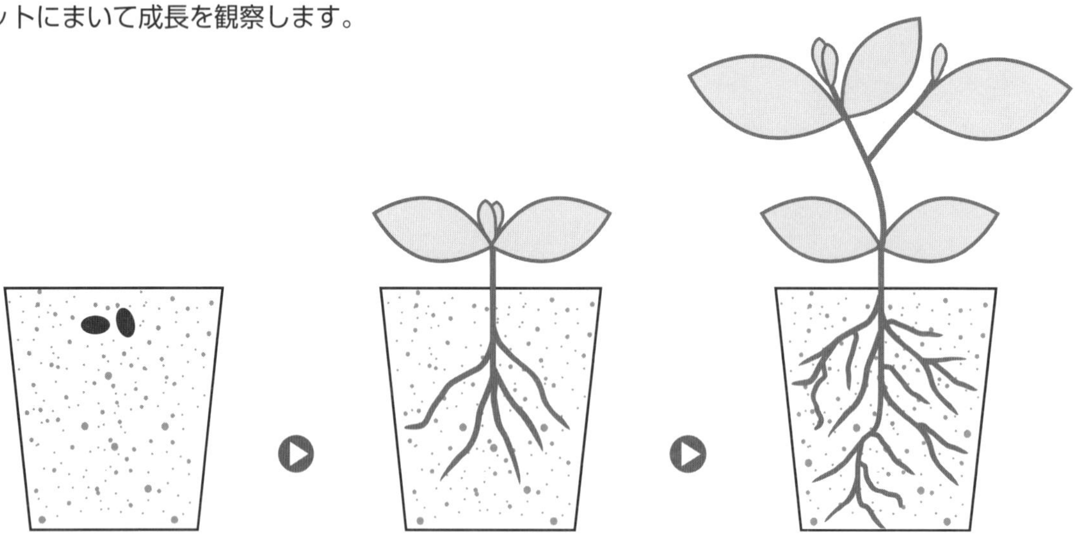

種子をまく

種子の種類にもよりますが、ホウセンカやヒャクニチソウの場合、種子がかくれる程度に土をかけます。

葉（本葉）が出てくる

双葉や本葉が出るころには、根はポットの半分くらいまで伸びています。細かい根毛も観察できます。

葉が5～6枚になる

葉とともに根も成長するので、狭くなったポットから広い場所に植え替えをして、根がしっかり張るようにします。

こんな失敗…

●ポットで育てていた苗を学級園に植え替えた。水やりもしたのに、日に日に元気がなくなり、ついにしおれてしまった。

これで解決!!

●植え替えのときは、根をいためないように根のまわりの土ごと一緒に移します。苗の取り扱いに注意しましょう。

植え替えをしよう！

用意するもの

植え替えをする苗、肥料、水、移植ごて、軍手など。

根についた土は落とさない

ポットの苗は土ごと植え替えをします。そのとき、根についている土は、落とさないようにします。落としてしまうと、土の中に入り込んでいた根毛がいたんでしまいます。植え替えを乱暴にすると、根毛だけでなく根自体が切れてしまう場合さえあります。

ポットから出した苗は、手のひらでそっと持ちます。

穴の大きさを考える

植え替える穴の広さは、根のまわりの土の分も考えた広さにします。穴の深さは、根が表面に見えたり、子葉まで土に埋まったりしないよう以前と同じ高さに調整します。苗についている土が固くなっていても、少しだけ土をほぐしてやる程度にしましょう。植え替えをする前日に、苗にしっかり水をやっておくと、土が崩れないのでやりやすくなります。

肥料は、肥料をまいた上に土をかぶせ、根が直接触れないようにします。なぜなら、根が濃い肥料に触れると、浸透圧の関係で根の水分が外にしみ出し、細胞がこわれてしまうからです。これを「肥料焼け」「根焼け」といいます。こうなると、枯れてしまうことがあります。

また、株と株の間は成長することを見越して、間隔をあけるようにします。

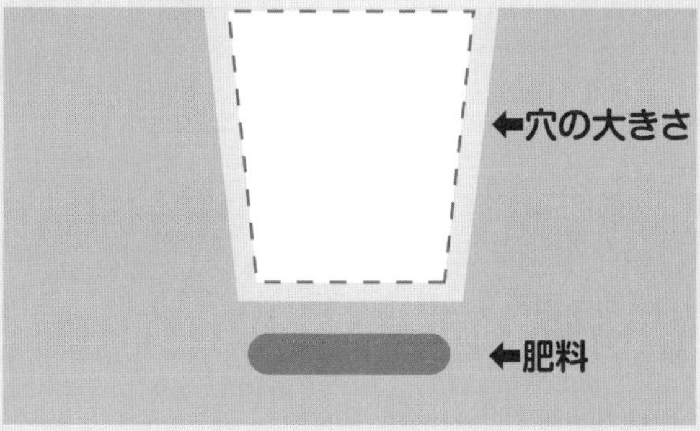

科学のメガネ

植物を元気に成育させるためには

発芽のためのテクニック

1. 土を替えて空気をとり入れる

ミミズがいる土の中は肥沃です。ミミズのふんがある程度の固まりになっていて、そこにすき間ができるので、空気が入り込むことができます。同じ理由で、**バーミキュライト**や**赤玉土**など**粒状の土**を使って、たねまきをすると有効です。

たとえば、バーミキュライトをたねまき用土にしたり、ピートモスにバーミキュライトと赤玉土（小）を混合させたりと、土と土のすき間を作って空気を含ませることを考えながら、たねまき用の土を選ぶことがたいせつです。

2. 種子によってまき方を変える

コンクリートのようなカチカチに固い地面では、空気の問題以前に、芽が土をもち上げることができません。ダイズなど１つの穴に何粒もまく場合がありますが、これは土をもち上げる力を強めるためです。

種子のなかには、光に反応して発芽するものもあります。これを「好光性種子」といいます。花ならペチュニア、野菜ならシソやミツバなどです。これらの種子は、土の中に埋めずに、パラパラとまいて、軽く土をかける程度にします。

3. 水やりは丁寧に

種子をまいた土に水やりをするときは、じょうろを使って丁寧に行います。ホースから直接水やりをすると、土がめくれ種子が露出してしまうことがあるので、表面が湿る程度にじょうろで水やりをしましょう。

植え替えのポイントは根の取り扱い

1. 根をいためてはいけません

３年では、植物のからだは根・茎・葉からできていて、根は地中にあることを習います。６年では、水は、根から吸い上げられ、茎を通って葉の気孔から蒸散することを習います。

根は、植物のからだを支えるだけでなく、水や養分を吸収するたいせつな役目があります。根をよく観察してみると、小さな毛のようなものがたくさんついています。これを、根毛といいます。根毛はとても細いので、土の粒と粒の中にもぐり込んでいきます。根毛が生えることで根の表面積も大きくなり、水や養分をより多く吸収することができるのです。

切れた根毛はそのうちに生えてきますが、新しい根毛が出て根づくまでは、植物は十分な水を吸うことができません。水やりしてもしおれてしまったのは、水を吸い上げる根が傷ついてしまったからです。ですから、植え替えをするときには、根がいたまないようにまわりの土ごと、そっと植え替えるようにします。

2. 根毛の役割

根は水だけでなく、植物が成長するために必要な窒素・リン酸・カリウムといった無機養分も吸収します。

根毛の寿命は、一般の草花で２～３日です。ですから、植物はたえず新しい根毛を作り出しています。

水栽培など水の中にのびている根には、根毛はあまり生えません。

3. 育ちすぎた苗の植え替え

育ちすぎた苗はポットの中で根がびっしり張っています。そのときは、外側の根を少しほぐしたり、切ったりすると、早く根を張るようになります。内側の土はそのまま崩さないようにします。

びっしり生えた根

外側の根を少しほぐすと早く根を張るようになる。

使い回しの土は再生させてから使う

1年の学習でアサガオセットを利用することがあります。秋になると、この土でスイセンやチューリップを育て、2年になるとミニトマトを育てる例があります。狭い鉢の中の土は根が張り、栄養も乏しく固くなっています。もし、土を使い回すようなら、一度ブルーシートなどにあけてふるいにかけ、根や土の固まりをとり除いて、黒土、肥料、腐葉土などを補ってよく耕しましょう。

実がなる植物は、とくに土が成育の良し悪しを左右します。25L（リットル）程度の培養土を購入し小分けして利用すると、経費も安くすみ、驚くほど丈夫に成育します。

もっと知りたい!

培養土作り

植物の成長に適した培養土にするには、団粒構造で土の中に空気を含み、保水性や保肥性（肥料を保持する性質）がよいという条件を整えることが必要です。培養土は、赤玉土と腐葉土を2：1で混ぜたものを基本として、バーミキュライトなどを少量混ぜ、遅効性の肥料として油粕などを混ぜて作るとよいでしょう。

花壇の土も手入れをしないと、固く、栄養の乏しい土になってしまいます。春と秋に耕したら腐葉土や油粕をすき込み、上記のようなよい土の条件を満たすようにします。

赤玉土

腐葉土

こうすれば失敗しない！

4. カブトムシの飼育

▶学習指導要領 3年「昆虫と植物」「身近な自然の観察」 4年「季節と生物」

子どもたちに大人気のカブトムシは、どのような成長や活動を見せてくれるでしょうか。

カブトムシの成長

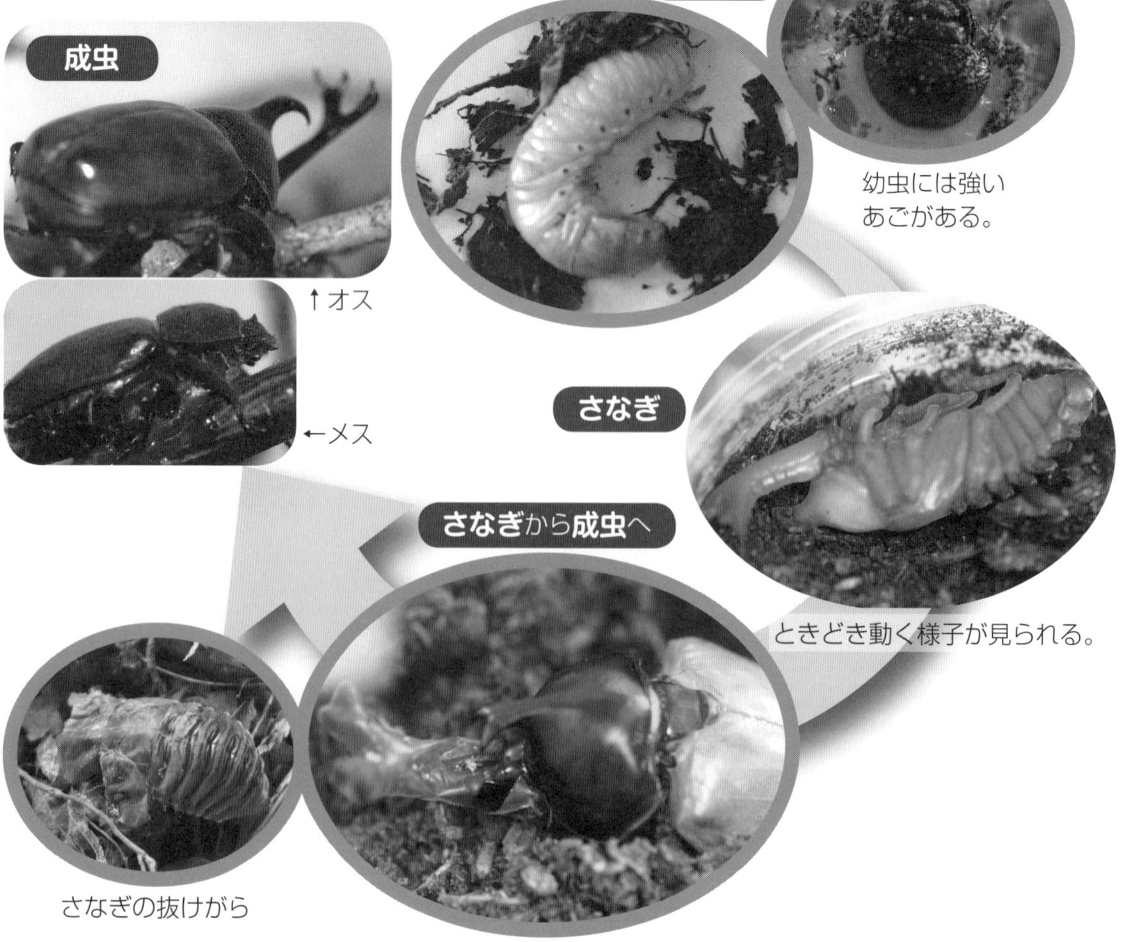

幼虫には強いあごがある。

ときどき動く様子が見られる。

さなぎの抜けがら

こんな失敗…

●カブトムシを入れ物に入れておいたら一晩で死なせてしまった。また、カブトムシがえさを十分に食べないので困った。

これで解決!!

●カブトムシのからだ、生活に合うように、環境を整えましょう。

カブトムシを飼ってみよう！

カブトムシのからだのつくりや成育環境を調べ、最適な環境を保つことに留意しながら飼育しましょう。

用意するもの

成虫の場合　大型の水槽（衣装ケースでも可）またはプラスチックの飼育ケース（寸法40cm×35cm×25cmくらい）、止まり木、土（腐葉土または飼育マット）、えさ（昆虫ゼリー、バナナなど）。ときどき霧吹きで湿り気を与える。

幼虫の場合　飼育ケース（大きめのビンまたはプラスチックケース）、腐葉土、水槽（中くらいのもの）幼虫の数によって大きさを変える。

成虫の飼い方

◘注意点

カブトムシは力が強いので、飼育する容器のふたがしっかりしていないと、容器から逃げてしまいます。しっかりとふたのできる飼育ケースを用意しましょう。

◘ポイント

カブトムシは雑木林で生活しています。雑木林に近い環境を飼育ケースの中に作ることがたいせつです。虫かごは持ち運びするときにだけ用いるようにします。

飼育ケースの中は雑木林に近い環境にする。

幼虫の飼い方

◘注意点

幼虫はまわりにある腐葉土がえさです。もりもり食べて成長していきます。

◘ポイント

えさとなる腐葉土が不足しないようにすること、温度や湿度の調整に留意することがたいせつです。

幼虫は腐葉土を食べて大きくなる。

科学のメガネ

カブトムシは、こんな昆虫！

昆虫の学習では、チョウだけでなくいろいろな昆虫を育ててみましょう。

子どもたちの興味や関心が高いのが、カブトムシです。成虫を飼育するだけでなく、幼虫から育ててみましょう。そうすれば、幼虫の強力なあご、ピクピク動くさなぎも観察できます。しかし、カブトムシの生活と結びついた飼い方のコツを理解していないと、死なせてしまいます。

成虫を飼う場合

1. カブトムシは夜行性

カブトムシはおもに雑木林で生活します。クヌギ、コナラ、クリなどの幹に出ている樹液をえさにしています。夕方から夜の間に活動し、日中は腐葉土の中で休んでいます。

このようなカブトムシに適した、飼育ケースの中の環境を次のように作ります。

容器の下には10～15cmほど腐葉土を入れます。土の上には太めの木の枝を立ててやります。これが、カブトムシの「止まり木」になります。

2. カブトムシには「止まり木」が必要

カブトムシはつかまるところがあってはじめて安定した姿勢がとれるので、つかまるところを求めて動き回ります。飼育ケースの中につかまる物や木などがないと、一晩中、動き回って、衰弱して死んでしまいます。

また、カブトムシは強い力でしっかり木につかまって、えさである樹液を吸います。したがって、えさはえさ台に入れて、カブトムシがつかまってもひっくり返らないようにします。ひっくり返したえさが腐葉土にしみ込むと、虫がつくなどして、清潔が保たれなくなります。飼育ケースの中は、つねに清潔な環境を保つことがたいせつです。

3. えさは樹液

えさは昆虫ゼリーやバナナ、リンゴ、作った黒蜜など、樹液に近いものを入れるようにするとよいでしょう。

えさのなかにスイカがあげられている飼育のための説明書もありますが、カブトムシがおなかをこわしてしまうと書かれている説明書もあります。スイカはやらないようにするのがよいでしょう。

幼虫を飼う場合

1. えさは腐葉土

カブトムシは夏に腐葉土の中に卵を産みます。成虫の飼育ケースの中での産卵では、卵は土の中に産み落とされますので、卵だけを残して成虫を別の飼育ケースに移します。

産卵から10日～15日で孵化します。孵化したばかりの幼虫は真っ白で、すきとおったからだをしています。体長は８mmくらいあります。

消毒されていたり、園芸用に薬剤などが加えられていたりする腐葉土を使うと、幼虫が死んでしまうことがあります。

なお、産みつけられた卵には触れないようにします。誤って直接手で触れると、手の脂がついてしまうので注意しましょう。

2. ふんは腐葉土と似ている

適切な腐葉土を飼育ケースに入れて飼って

いたのにもかかわらず、幼虫が死んでしまうことがあります。幼虫は大きくなるためにどんどん腐葉土を食べますが、腐葉土の色と幼虫のふんの色はよく似ているので、腐葉土がなくなって、ふんだけになっていることがあります。それに気づかずに新しい腐葉土に替えることを怠ると、餓死してしまうのです。この失敗がいちばん多いので注意しましょう。

えさの分量は、カブトムシの幼虫１匹が成虫になるまでに、500ｇぐらいが必要です。

3. からだがやわらかい

幼虫を飼う飼育ケースの中は、定期的に霧吹きなどで湿気を調節しておかなければなりません。からだが成虫に比べてほんとうにやわらかいので、乾燥に注意しなければならないのです。また、温度変化に耐えられないので、日があたらない場所で寒すぎないところに、飼育ケースを置くようにします。

実際にカブトムシがすんでいる雑木林のように、温度がそれほど高くなく、適度に湿っている環境を作るようにします。

4. アリは天敵

飼育ケースは、アリなどが中に入らないようなところに置くこともたいせつです。カブトムシの幼虫が、アリのえさになってしまうからです。

幼虫を観察しよう

幼虫を飼育ケースから取り出して、観察しましょう。

素手で行うのは、禁物です。からだがやわらかいので、いたまないように手袋をします。幼虫のあごは強力なので、手をかまれたときの用心のためにも手袋は必要です。

手袋をした手で、腐葉土で包み込むように優しく幼虫を捕まえます。

紙の上などに、腐葉土ごとのせて観察します。虫眼鏡などを用意して、ものを食べる様子、ふんをする様子などを観察しましょう。

あまり長時間観察していると、やわらかいからだが乾燥してしまいます。ころあいを見て、飼育ケースに戻すようにしましょう。

もっと知りたい！

黒蜜の作り方

カブトムシのえさになる黒蜜は、次のように作ります。

①黒砂糖200ｇをコップ１杯の湯またはビールで溶かします。

②ドロドロになったら、コップ１杯のアルコール・酒（泡盛等、においの強いものがよい）と酢を２、３滴加え、煮詰めます。

③ビンなどの容器に移し、数日間（１週間ぐらい）置きます。

この蜜はカブトムシをおびき寄せるためにビールやアルコールを使っています。えさとして作るだけならば①では湯を使い、②ではアルコールを減らすようにするか、またはアルコールのかわりに甘い乳酸飲料に変えてもよいです。

こうすれば失敗しない！

5. チョウを育てる

▶学習指導要領 3年「昆虫と植物」「身近な自然の観察」 4年「季節と生物」

チョウの卵を採集して孵化させ、幼虫からさなぎになり羽化（変態）する様子や、成虫になってからの行動を観察します。

チョウの観察

成虫のチョウの行動をくわしく観察すると、花の蜜を吸ったり交尾し産卵したりする場面に出合えます。

モンシロチョウ

モンシロチョウは、春になるとセイヨウカラシナ、キャベツなどの植物に成虫が集まり、産卵します。

モンシロチョウは、成虫➡交尾➡産卵➡孵化➡幼虫➡さなぎ➡成虫になるサイクルを、1年の間に4回くらい繰り返しています。モンシロチョウの成長の早さやサイクルは、気温に左右され地域差があります。暖かい地方以外では、さなぎの状態で冬越しします。

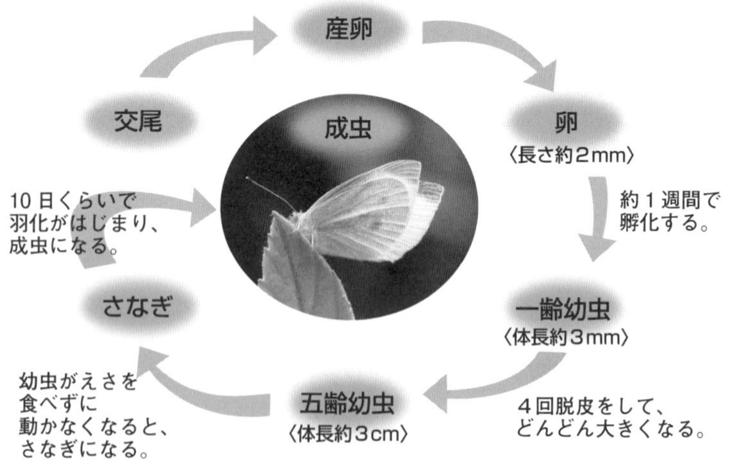

アゲハ

アゲハは、産卵のためミカンなどの柑橘類に集まります。春、新芽が出たときに成虫が飛んでくれば産卵するでしょう。アゲハは、羽ばたきをやめて腹部を丸めながら葉の裏などに産卵します。

アゲハの交尾

アゲハの産卵

こんな失敗…

● チョウの幼虫を飼育ケースに入れて飼っていたら、死んでしまった。

これで解決!!

● チョウの幼虫を飼うときには、幼虫の種類に合った新鮮なえさが必要です。飼育ケースの中のえさの状態をしっかり確認し、飼育中は新鮮なえさが確保できるようにしておきましょう。

チョウを飼ってみよう！

自分で飼うことで、知らなかったチョウの暮らしが初めてわかってきます。毎日観察しながらしっかり世話をすると、さまざまな変化を実感できて楽しいです。

用意するもの

飼育ケース、新鮮なえさ（農薬のかかっていないもの）、小さなビンのようなえさの入れ物、ビンの入り口をふさぐ紙、ケースの下に敷く紙、ティッシュペーパー、虫眼鏡など。

モンシロチョウの育て方

◇えさ

セイヨウカラシナなどのアブラナ科の植物、キャベツなど

〔point〕 冬の時期に、キャベツの苗を植え、そこにくるチョウを継続して観察すると、やがて産卵し卵が見つかります。育てたキャベツは、飼育ケースに入れるえさとしても活用できます。

◇育て方

新鮮なえさをやるのを忘れないこと、えさが枯れないように注意すること、幼虫が水にはまらないようビンの入り口を紙などでふさぐことを忘れなければ、だれでも飼育できます。

幼虫

越冬中のさなぎ

アゲハの育て方

◇えさ

サンショウやミカンなどのミカン科の植物の葉

〔point〕 生まれたばかりの幼虫にはやわらかい新芽を与えるようにします。五齢幼虫になると、たくさんのえさを食べるようになるので、新鮮なえさを準備します。

◇育て方

アゲハは、五齢幼虫になるとからだの色がこげ茶色から緑色に変化します。それまでは鳥のふんのような色をしていますが、葉の色そっくりになります。これも鳥などの敵から身を守る方法の１つです。幼虫が水の中に落ちないように飼育しましょう。

五齢幼虫

鳥のふんのような幼虫

鳥のふん

科学のメガネ　チョウの変身がわかる“びっくり箱”の観察を

チョウの成虫が羽ばたきます

春になればチョウが少しずつ飛び交いますが、その“ふしぎ”はどこにあるのでしょう。

成虫のチョウが飛ぶということは、冬の時期に成虫で越冬していたチョウが飛んだか、さなぎで冬越しをしたチョウが羽化したと考えられます。卵から孵化した幼虫は、すぐにはチョウの成虫になれないからです。

成虫で越冬中のキチョウ

さなぎで越冬中のアゲハ

チョウの飼育は卵から

チョウの飼育は、採集した卵をケースに入れることからはじめます。飼育ケースには、卵と一緒に孵化したときに幼虫のえさとなる葉も入れておきます。葉を枯らさないようにするため、水の補給が飼育のポイントとなります。葉が枯れれば、幼虫が育たず死んでしまうので、つねに新鮮な状態を保たなければなりません。幼虫は、脱皮し成長するにつれえさをよく食べるので、えさの状態には気を配ります。

やがて五齢幼虫になり、さなぎに変身し、それから２週間程度の日数がさらなる変身の準備期間です。

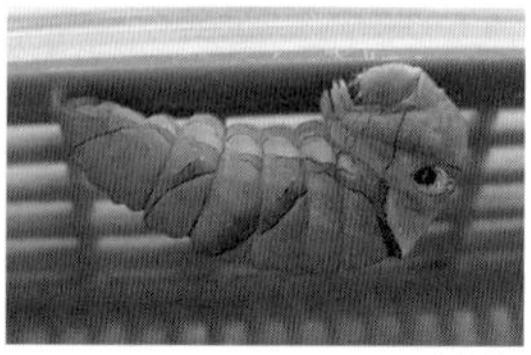

アゲハの蛹化《ようか》

チョウの羽化

幼虫がさなぎになれば、できるだけ羽化の瞬間を観察させたいものです。そのためには黒板の横など、いつでも見える場所にさなぎを移動させるのがよいでしょう。

チョウの羽化の瞬間

理科以外の時間中であっても突然羽化が開始された場合は、授業を切り替え動きをじっくり観察させます。なぜなら羽化は数分のドラマであり、物理や化学の実験のように繰り返しがきかず、観察のための時間設定をしにくいからです。自然のなかでなかなか出合えない羽化の瞬間を共有できることは、またとない幸運で

つり下げられたさなぎ

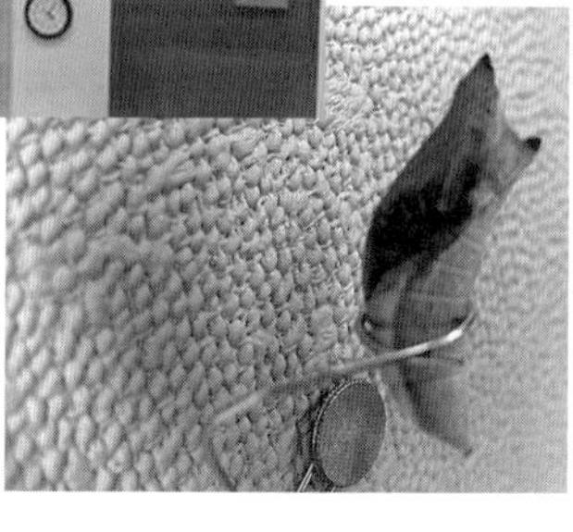

丸くしたクリップでとめたさなぎ

す。

チョウを飼育しているときに、さなぎを支える糸が切れる場合があります。そんなときはクリップを丸めて28ページ右下の写真のように固定すれば解決します。これはカナダの昆虫館を見学したときに学んだ方法の1つです。

チョウの吸蜜《きゅうみつ》の観察を

チョウが羽化したあとは放してしまうことがよくありますが、吸蜜行動の観察もさせるようにします。ティッシュペーパーに砂糖を溶かして与えると、口吻《こうふん》をのばして吸蜜する様子を見ることができます。成虫になったチョウのえさが、幼虫のときとはまったく違うことが確認できます。

子どもにとっては飼育ケースが“びっくり箱”となります。そんな飼育観察活動に取り組ませたいものです。

上・花の蜜を吸うチョウ
右・甘い果汁を吸うチョウ

多様なチョウの飼育を

モンシロチョウやアゲハだけでなく、さまざまなチョウを飼育・観察しましょう。パンジーやホウセンカに産卵しにくるチョウは、ツマグロヒョウモンなどですが、アゲハと違いさなぎの模様やさなぎを固定する方法も違ってきます。そのような違いを観察することも楽しみの1つです。

もっと知りたい!

寄生昆虫の生き様に触れる

自然のなかから幼虫を見つけ飼育していると、びっくりすることに遭遇することがあります。

モンシロチョウでは、アオムシコマユバチに食べられ、幼虫のからだが食い尽くされてしまうような場面です。

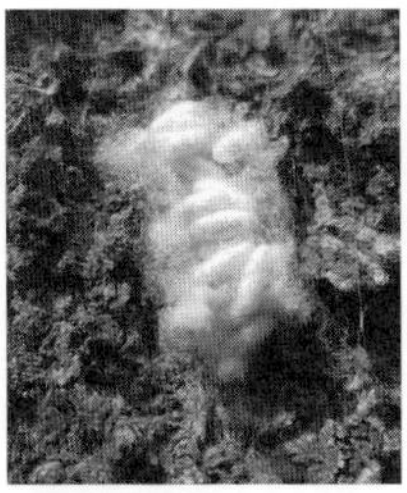

アオムシコマユバチのまゆ

穴が開いたアゲハのさなぎ

アゲハの幼虫に寄生するアゲハヒメバチ

アゲハでは、さなぎからヒメバチが出てくる場面です。2週間がたち、なぜさなぎからチョウに羽化しないのかなと思っていると、アゲハヒメバチが成虫の状態でケースにいるのです。子どもたちにとっては驚きとなります。そんなときがチャンスです。なぜならこのような方法で寄生し栄養をもらいながら生き続けてきた昆虫がいることを知るのも、たいせつな学習だからです。

こうすれば失敗しない！

6. クモの飼育

▶学習指導要領 3年「昆虫と植物」「身近な自然の観察」 4年「季節と生物」

私たちは身近にいろいろなクモを見ることができます。クモを飼育してみましょう。

自然のなかでクモを探す

日本には約1500種類のクモがいます。クモは、生活している環境や獲物のとらえ方、活動する時間帯などの違いによって、からだの形や大きさが大きく異なります。

オスクロハエトリ

オスクロハエトリは網を張らないクモです。地面の上や草の間を歩き回ってえさをとっています。このようなクモは、空を飛んでいるチョウなどをとらえることはできません。

ジョロウグモ

ジョロウグモのように網を張るクモは、網にかかった昆虫しか食べることができません。つまり、ガやハエ、チョウなど、羽のはえた昆虫をとって食べているのです。網はえさとなる昆虫などをとるために必要なものなのです。

こんな失敗…

●クモの飼育は、何を使って、どのように育てればよいのかわからない。

これで解決!!

●飼育しようとするクモの生態を調べて、飼育のしかたを決めましょう。

クモを飼育してみよう！

飼育しようとするクモが、地中に巣を作るのか、それとも空中に網を張るのか張らないのかを調べて、飼育のしかたを決めます。

用意するもの

ジグモの飼育　プラスチック水槽、土、鉛筆、えさ（ダンゴムシなど）など。

網を張るクモの飼育　アクリル板の扉（ポリ袋でもよい）、ダンボール箱、網、粘着テープ、カッター、えさ（ハエ、ダンゴムシ、小昆虫）など。

ジグモの飼育

ジグモは土の中に住居（巣）を作ります。ふだんは巣の下のほうにいます。地上に出ている巣の部分に獲物がかかると、巣の上に上がってきて、巣の内側から獲物にかみつきます。

ジグモの飼育容器には、市販されているプラスチック水槽が便利です。写真のように、水槽の半分くらいの深さまで土を入れます。そして、巣を作らせたい場所に、棒や鉛筆でクモの大きさに合わせたくぼみをつけます。地中性のクモは同じ容器に数匹入れて飼っても大丈夫です。

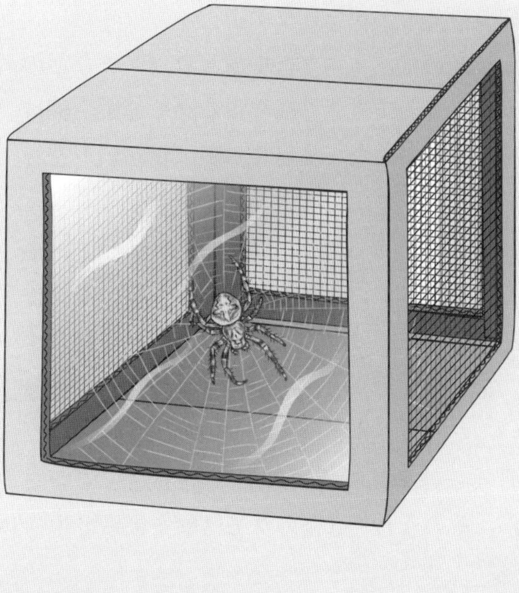

網を張るクモの飼育

オニグモなどの網を張るクモを育てるには、大きな空間（縦・横・高さがそれぞれ50cmぐらい）が必要です。ただし、クモの大きさによってかえる必要があります。

図のように、大きなダンボール箱の前後左右のかべをカッターを使ってくりぬき、くりぬいたかべに網戸の網でふたをします。網は内側から、粘着テープではります。観察用に一面だけはポリ袋などを利用して透明な窓にします。

科学のメガネ

クモの生態を知ろう！

クモの飼育から、こんなことがわかる?!

クモは昆虫と同じように、比較的簡単に、飼育することができます。クモを飼育することにより、昆虫と似ている点や違いに気づくことができます。

たとえば、クモも、昆虫と同じように節足動物ですから、脱皮をすることによって成長します。昆虫は、種類によって、植物しか食べないものもいれば、動物性のものしか食べない肉食のものもいますが、クモは、すべて肉食です。飼育することにより、クモは何らかの昆虫を食べて成長することがわかります。

このほかにも、飼育していくなかで、クモの捕食方法や、さまざまな生態を知ることができます。

クモは大きく３種類に分けられる

クモは、生活のしかたの違いから大きく３種類に分けることができます。

１種類めは、オニグモやジョロウグモなどのように、空間に大きな網を張るクモです。網は縦糸と横糸からなっており、規則正しい形をしています。

また、窓のさんや、部屋のすみなどに、小さな網を張っているクモがいます。広い空間に網を張るクモとは違って、不規則な網を作ります。網というよりも、糸が何本も張られているといった感じです。

日本には約1500種類のクモが生息していますが、そのうち約６割のクモは網を張って生活しています。

２種類めは、空間ではなく土の中に巣を作るジグモの仲間です。

そして３種類めは、網を張らずに、地上や草間などを走り回っているクモです。ハエトリグモやコモリグモなどの仲間です。

それぞれの種類によって、飼育容器が違ってきます。ジグモはプラスチックの水槽、オニグモなどの網を張るクモは大きなダンボール箱を使います。ハエトリグモやコモリグモなどのように走り回っているクモは、ペットボトルや、ビン、プラスチックの食品ケースなど、小さな容器で１個体ずつ飼育することができます。

えさは何をどのくらい与えればよい？

クモは生きている昆虫しか食べません。えさは、飼育するクモの大きさに合った昆虫ならば何でも大丈夫です。たとえば、ショウジョウバエやカなどが手ごろです。

小さな昆虫たちを、直接、容器などで採集するか、捕《ほ》虫《ちゅう》網《もう》などがあれば、草むらなどで、捕虫網を何回か振り回すと、いろいろな昆虫を捕まえることができます。

また、夏場などは、夜、あかりに集まる昆虫たちを捕まえて、クモのえさとして与えてもよいでしょう。与える量は、１日１匹程度で十分です。クモは昆虫が大好物です。しかし、アリは苦手です。

網を張っているクモには、生きたままの昆虫を網にかけてやるといいでしょう。また、網を張らないクモの場合には、飼育ケースの中に昆虫を入れましょう。

水の与え方はどうすればよい？

容器全体に、１日１回、霧吹きでシュッと１回やる程度で十分です。また、ティッシュペーパーに水を含ませて軽くしぼって入れておくとよいでしょう。

飼育ケースはどこにおけばよい？

直射日光のあたらない、風通しのよい窓辺などで飼育するとよいでしょう。

とくに網を張る大きなクモを飼育する場合は、飼育する箱の位置が安定していて変わらないように心がけましょう。

もっと知りたい！

加治木町の「クモ合戦」

鹿児島県の加治木町（姶良市加治木町）には、約400年前から伝えられている「クモ合戦」という伝統行事があります。毎年旧暦の５月５日、端午の節句に行われていましたが、今では６月第３日曜日に行われています。相撲と同じように行司がしきって、横に渡した１本の棒の上で、２匹のコガネグモのメスどうしをたたかわせます。

クモ合戦の参加者は、どのようにして強いコガネグモを採集し、育てるのでしょうか。からだが小さいクモよりは、大きいクモのほうが強いことは、容易に予想することができます。しかし、単に大きいだけではだめです。たとえば、大会数日前に大きな個体を採集したとします。しかし、その個体が大会当日に産卵することにでもなったら、たたかいどころではありません。また、加治木町のクモ合戦の言い慣わしでは、１回産卵したメスのほうが闘争性が高い傾向にあるそうです。ですから、コガネグモを採集し、大会に向けてしばらく飼育する必要があるのです。

大会に参加する人は、どのようなものを使って、飼育しているのでしょうか。ある人は、円筒形の洗濯物のネットに針金を入れて補強し、カゴにしてコガネグモを飼育しているそうです。大きくなるにつれて、より大きなカゴにするそうです。しかし、飼育容器で飼った個体よりも、部屋に放し飼いにしたほうが、闘争性が高いので、部屋の中で飼っている人もいるそうです。

飼育にあたって、いちばんの悩みはえさだそうです。ペットショップで売っているコオロギを網にかけて与えている人が多いそうです。コオロギは、コガネグモが野外で網を張っている場所では網にかかることのない昆虫ですが、コガネグモは好んで食べるようです。このほかに、釣りえさのサシを親にしたもの（キンバエ）なども与えたりするそうです。

クモ合戦のために、コガネグモを飼育している人は、「１日あたり、えさはどのくらい与えたらよいのか」「えさを与えたあと、何時間後が闘争性がいちばん高くなるのか」など、コガネグモの生態を熟知しているといってもいいでしょう。

私たちも、スポーツの大会に臨むにあたって、大会当日の時刻に、最高のパフォーマンスができるように、食事や運動のバランスを考えます。クモ合戦の参加者も同じです。クモ合戦当日の時刻に、自分の飼育しているコガネグモが最高の力を発揮できるように、長期間の飼育を通して、クモのコンディションをつくっていくといってもいいでしょう。

加治木町のクモ合戦に、遠く関東地方からも参加する人たちがいるということです。

こうすれば失敗しない！

7. 虫眼鏡を上手に使う

▶学習指導要領 3年「光の性質」「昆虫と植物」「身近な自然の観察」

虫眼鏡を使って、昆虫や植物など身近な自然を観察したり、日光を集めたりします。そのときに、虫眼鏡の安全な使い方を学びます。

虫眼鏡を使う

身近な自然を観察する

虫眼鏡で花や葉を拡大して細部まで見えるようにし、観察します。

日光を集める

虫眼鏡を使うと日光を集めることができます。虫眼鏡で集めた日光で紙を焦がすことができます。

caution！

日光を見ては絶対にダメ

虫眼鏡で太陽の光を絶対に見てはいけません。目をいためます。また、虫眼鏡で集めた光はとても熱くなるので、十分に注意しましょう。まぶしくなってきたら、長く見つめないでやめるようにします。

こんな失敗…

- 虫眼鏡を使って花や葉を観察しようとしたが、思うように大きく見ることができなかった。
- 虫眼鏡で太陽の光を集めても、なかなか新聞紙が焦げなかった。

これで解決!!

- 虫眼鏡を見たい対象物に近づけたり、対象物を動かしたりして大きく見る方法を身につけましょう。
- 太陽の光を集めるには、レンズの光軸と太陽の光の方向を合わせるのがコツです。

虫眼鏡を使ってみよう！

見たい対象物を観察したり、光を集めたりして、虫眼鏡を使ってみましょう。

用意するもの
虫眼鏡、紙など。

point ① 対象物が動かせるとき

虫眼鏡を目の近くに固定し、対象物のほうを動かし、はっきり見えるところでとめます。

point ② 対象物が動かせないとき

虫眼鏡を対象物のほうへ近づけます。

point ③ 光を集めるとき

凸レンズの中心を通り、レンズの面に対して垂直な直線を光軸といいます。太陽の光がレンズの光軸を通るように向きを合わせます。

レンズの光軸と太陽の光の方向が合っているので、光が小さな点に集められている。

レンズの光軸と太陽の光の方向が合っていないので、光を集めた点が大きい。

科学のメガネ

虫眼鏡に使われている凸レンズのはたらき

レンズの由来

虫眼鏡は凸レンズを使用した器具です。レンズの歴史は古く、ガラスを素材として利用されていたものが、今のレンズになったと思われます。

19世紀、イギリスの考古学者がアッシリアのニネヴェの宮殿遺跡を発掘中に、偶然、１個の透明な水晶レンズを発見しました。それは、直径約3.4cm、片側が球面、片側が平面になっている平凸レンズで、焦点距離は約11.4cm、約４倍の倍率と考えられます。レンズという名前は、13世紀ごろにイタリアで発明された当時のレンズが、レンズマメのようであったためにつけられたといわれています。このレンズの語源はラテン語です。

虫眼鏡で、対象物を大きく見るには どのようにすればよいのでしょうか

虫眼鏡で対象物を見るとき、虫眼鏡から目を遠く離して見る方法と、虫眼鏡を目の近くに固定して持ち、対象物を近づけるようにする方法がありますが、どちらが理にかなっているのでしょうか。

対象物をより大きく拡大して見るときは、虫眼鏡を目の近くに固定して持ち、対象物を近づけるようにするのがよいのです。

それは、なぜなのでしょうか。図１を見てみましょう。見ようとする対象物がレンズの焦点距離よりも遠くにある場合、図のようにレンズに対して反対側に、しかも逆さまに見えることがわかります。その像は紙などをその場所に置いた場合、逆さまに投影された像として結ばれます。これを**実像**と呼びます。この場合、遠くにある見ようとする対象物よりも小さい実像が紙などのスクリーンにうつります。

一方、図２のように、見ようとする対象物をレンズの焦点距離より内側に置いて、目の位置をレンズの焦点距離上に置くと、あたかも対象物の後ろから光が出てきたかのように見えるので、大きく見えるという結果になります。しかし、この場合は、紙などを目の位置である焦点距離上に置いても、像として投影されないので**虚像**と呼ばれます。

このように、虫眼鏡で対象物を大きく見るためには、対象物を焦点距離の内側に入れて、目の位置は反対側の焦点距離近くに置くといいということになります。

その状態をつくりやすいのが、虫眼鏡を目の近くに固定して、見ようとする対象物を近づける方法です。

屋外に出て虫眼鏡で太陽の光を 集めてみましょう

虫眼鏡で太陽の光を集める際にはまず、虫眼鏡で太陽を決して見てはいけないことを教室でしっかり指導してから外に出ます。子どもたちに太陽を虫眼鏡で見ると目が焼けてしまうことを理解させ、安全を確保することが重要です。

また、虫眼鏡で落ち葉を燃やさない、カーテンを焦がさない、大人が一緒でないときにはやらないなど、「危険」を子どもたちに十分に理解させる指導が必要です。

図1　実像の見え方

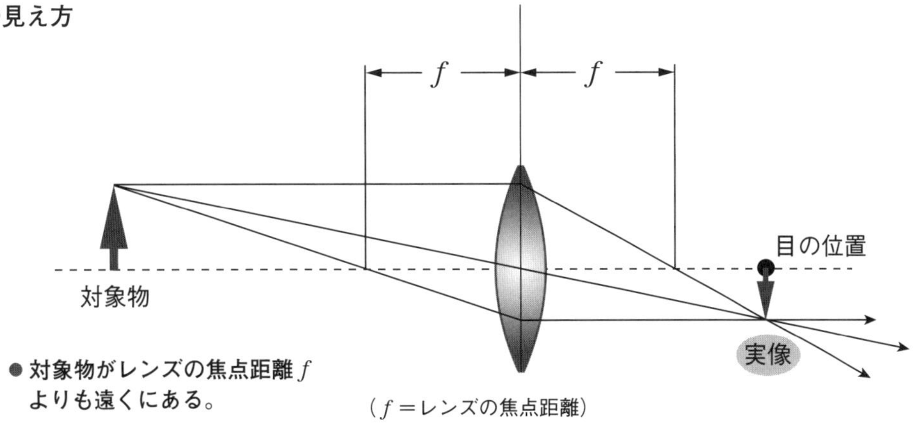

図2　虚像の見え方

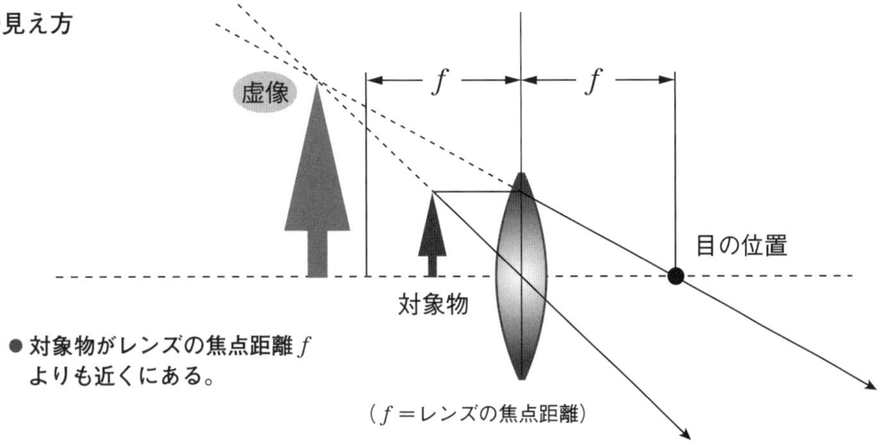

次にどんな活動や実験をするか話し合ってから外に出て行きます。

光を集める活動をはじめると、子どもたちは光がなかなか一点に集まらないということに気づきます。太陽の光を虫眼鏡の光軸に合わせ、紙に焦点を合わせることがむずかしいからです。けれども、やっているうちにコツがわかってきます。

まず、日光に対して紙が直角になるように、地面にうつる紙の影が最大になる向きを探します。次に、虫眼鏡を紙の上から１〜２㎝離して持ちます。虫眼鏡のリングの影の部分が真円になるように向きを決めます。こうしておいて、虫眼鏡のレンズを少しずつ焦点距離まで離していけば太陽の像がきれいに紙にうつるのです。

紙の上に集められた光が円を描くのは、太陽の姿を映しているからです。つまり、虫眼鏡で太陽の実像を紙のスクリーンに映し出しているということです。この発見も、子どもたちには驚きとなるでしょう。

紙の上の太陽の実像には、光と一緒に熱も集められます。やがて、紙が焦げて炎を発するようになります。

オリンピックの聖火は今でも、ギリシャのアテネで、太陽の光を集めて採火されています。ただし、光を集めるために凹面鏡が使われています。

こうすれば失敗しない！

8. ドライアイスの性質

▶学習指導要領 4年「金属、水、空気と温度」

水は温度によって固体⇄液体⇄気体と変化しますが、ドライアイスは固体⇄気体と変化します。ふしぎなドライアイスの性質を学びます。

ドライアイスはどこへ行った？

◆ 机の上にドライアイスを置いておいたら、白い煙とともに数分後に消えてしまった。

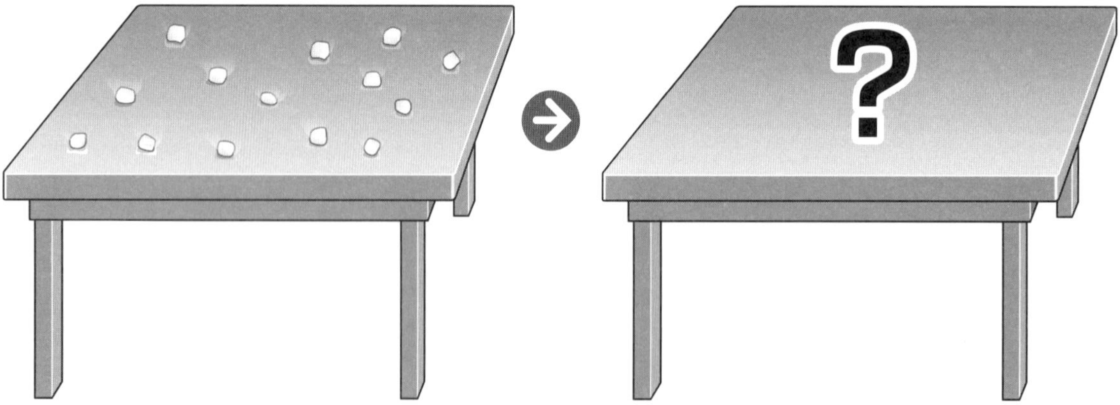

◆ ポリ袋の中にドライアイスを1片入れて袋の口を閉じておいたら、
ドライアイスがなくなって、袋がふくらんだ。

こんな失敗…

● ドライアイスをできるだけ長く保存しておこうと、冷凍庫に入れておいたのに、翌日にはなくなっていた。

これで解決!!

● ドライアイスを保存するには、冷凍庫ではなく新聞紙にくるんで保冷ボックスに入れると長もちします。また、破裂するので絶対に密閉容器に入れてはいけません。

ドライアイスを保存してみよう！

ドライアイスは新聞紙を５枚くらい重ねて、しっかり包みます。それを発泡スチロールの保冷ボックスに入れておくと長もちします。

用意するもの

ドライアイス、新聞紙（またはクラフト包装紙など）、発泡スチロールの箱（保冷ボックス）、軍手など。

ドライアイス 2.6㎏ ➡ 12 時間で 1.7㎏（25℃の室内で実験）

caution！

ドライアイス取り扱い時の注意点

密閉すると破裂する

41ページ「もっと知りたい！」の実験で紹介したのはドライアイスの白い霧を利用したものですが、保存するときは、絶対にペットボトルなどの密閉容器に入れてはいけません。入れると破裂して危険です。

素手で触るとやけどする

ドライアイスは冷凍庫の氷よりも温度がかなり低いので、素手で触るとやけど（凍傷）になってしまいます。軍手などをして、素手で触らないように注意しましょう。

科学のメガネ

ドライアイスは冷凍庫の中よりも冷たい

ドライアイスがいつの間にか消えてしまうのは、生活範囲（常温常圧）中では、氷とは違って、液体の状態にならず直接気体になってしまうからです。これを**昇華**といいます。

冷凍庫の温度はドライアイスよりかなり高いので、ドライアイスは気体になって空気中に逃げてしまいます。ドライアイスの保存は、できるだけまわりの空気と遮断し保温がきいた状態にします。ドライアイスは気体になっていくとき、まわりから昇華潜熱を奪っていきます。つまり、自身が気体になりながら残ったドライアイスを冷やしていることになります。

ドライアイスって何だ？

ドライアイスの正体は、二酸化炭素です。二酸化炭素は通常、室温では気体ですが、ドライアイスはその固体の状態です。温度はとても低く、昇華点は－78.5℃（平成22年版『理科年表』による）です。ちなみに冷蔵庫の冷凍室（フリーザー）の温度は、－20℃程度です。

ドライアイスを水に入れると激しく発泡します。この状態がしばらく続くと、炭酸水ができます。ドライアイスを砂糖水に入れて圧力をかけるとサイダーができます。

どうやって作る？

ドライアイスは、二酸化炭素に圧力（約130気圧）をかけて冷やし、液化二酸化炭素を作ります。それをノズルから吹き出し、圧力を解放すると液体の二酸化炭素から気化熱が奪われパウダー状のドライアイスができます。工場ではそれに少量の水分を加えて固めています。最近、大型スーパーなどで液化二酸化炭素のボンベを見ることがあります。冷凍食品をとかさず持ち帰るために、ボンベから二酸化炭素を吹き出して、ドライアイスパウダーが出るようになっています。

ドライアイスを閉じ込めては絶対だめ！

さて、ドライアイスを容器に閉じ込めたとき、いったい何が起きるでしょうか。

1mLのドライアイスをポリ袋などに密閉して入れておくと、中で気体になった二酸化炭素がおよそ800mL（約800倍）にまでふくらもうとします。しかし、容器がそれより小さいとき、気化した二酸化炭素が押し縮まって中から強く容器を押す力（圧力）になります。具体的には、500mLの容器（ペットボトルやガラスビン）に10mLのドライアイスを入れたとすると、8000mLになるはずの二酸化炭素を閉じ込めることになります。このとき、16気圧（1cm^2あたり16㎏の圧力）にもなります。炭酸用ペットボトルの耐圧はふつう8気圧くらいといわれていますから、猛烈な勢いで破裂することになります。※1atm〔気圧〕= 101325Pa = 1013.25hPa

ですから、ドライアイスでの爆発事故が絶えないのも事実です。

「中学生が砂場に埋めたドライアイス入りのペットボトルを、小学生が掘り返したところ爆発し大けがをした」「ジュースの入ったビンにドライアイスを入れて簡単ソーダを作ろうとして爆発。破片で大けがをした」など、その取り扱い方によっては命にかかわる事故になります。

もっと知りたい！

ドライアイスのおもしろい実験

ドライアイスのガスを使った実験には、楽しいものがたくさんあります。いくつか紹介しましょう。

ドライアイスロケット

■ドライアイス鉄砲

ドライアイスをフィルムケースに入れてふたをすると、ポンといってふたが飛びます。いわゆるドライアイス鉄砲です。

また、ドライアイスを入れたフィルムケースにふたをして逆さにおくとドライアイスロケットになります。

■空気の渦輪

ドライアイスは、水の中に入れるとぶくぶくと泡を出しながら白い霧を発生させます。この霧を空気砲の中に入れて空気の渦輪を作ります。

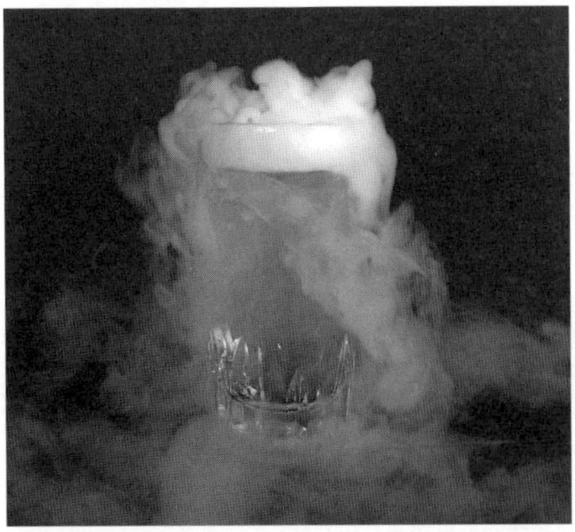

コップの水に砕いたドライアイスを入れると……。

１Ｌの容器に湯を入れて、砕いたドライアイスを入れます。それを空気砲の中に入れると……。

■そのほかに……

・ドライアイスを粉に砕いてジュースなどに入れると即席シャーベットができます。

・科学マジックを行うときにも使います。ドライアイスの入っている水槽にシャボン玉を入れると浮いたまま凍ってしまいます。

こうすれば失敗しない！

9. 注射器より使いやすい浣腸器

▶学習指導要領 4年「空気と水の性質」

閉じ込めた空気や水に圧力を加え、体積や押し返す力の変化を調べて、空気や水の性質を調べます。そのときに注射器や浣腸器を使います。

注射器と浣腸器の比較

注射器にも浣腸器にも、ピストンとシリンダーからなる注射筒があります。

注射器

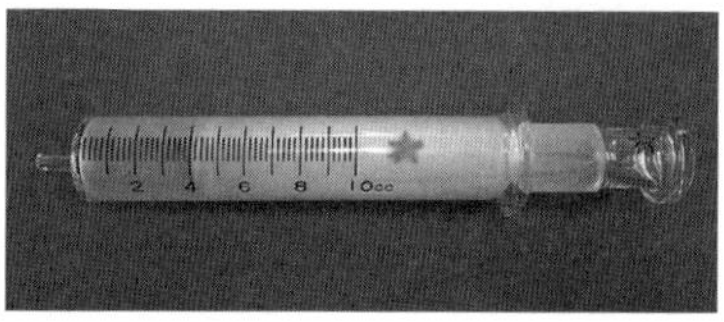

- 注射筒と注射針からできている。
- 医療用と実験用がある。
- 実験用は針なしで市販されている。
- 容量が小さいものから少し大きいものまである。
- 注射針をつけるので、先端は細くて長め。

浣腸器

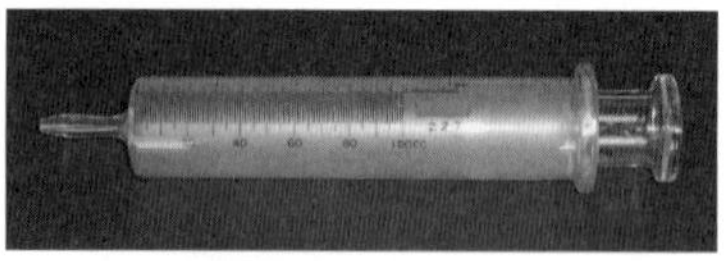

- 注射筒だけでできていて、注射針のないものをいう。
- 注射筒が太い。
- 容量は注射器よりも大きい。
- 針を使わないので、少し先端が太いものもある。

特徴

ガラス製の場合

◘滑りがよく動きがスムーズ　滑りのよいガラス製の浣腸器は動きがスムーズなので、押し縮めたあとに手を離せば、ちゃんともとの位置に戻ります。ただし、大型のものには、**合い番号**※がつけられているので、同じ容量でもピストンとシリンダーの合い番号が違うものは使えません。

◘汚れがつくと破損する危険も　ガラス製は内面のわずかな汚れでも動かすときに力が必要になるので、破損する危険性が増します。また、先の部分が割れやすいので安全面での配慮が必要です。

プラスチック製の場合

◘こわれにくく安価　圧力をかける実験では、こわれにくく安価なプラスチック製の浣腸器を用いるのがよいでしょう。しかし、プラスチック製の欠点は、黒いゴムの部分の摩擦が大きいことです。この摩擦が原因で、時として空気を押し縮めたあと、押すのをやめてももとの位置に戻らないことがあります。この場合、もとの空気が8mLだったら、いったん10mLくらいまでピストンを引っ張ります。そして手を離せば、もとの8mLに戻ります。

※合い番号　同じ容量の注射筒のピストンとシリンダーを正しく組み合わせて使用するための目印となる番号で、番号が同じになるように合わせて使用します。

こんな失敗…

●空気の性質を知る実験で、注射器を使って空気を押し縮めることができたけれど、押すのをやめてももとの位置に戻らなかった。

これで解決!!

●注射器ではなく、浣腸器を使ってみましょう。

浣腸器を使って実験してみよう！

注射器を浣腸器に替えることで、失敗なく空気を押し縮める実験ができます。

用意するもの

浣腸器、ゴム管、ピンチコックなど。

1 浣腸器に空気を入れる

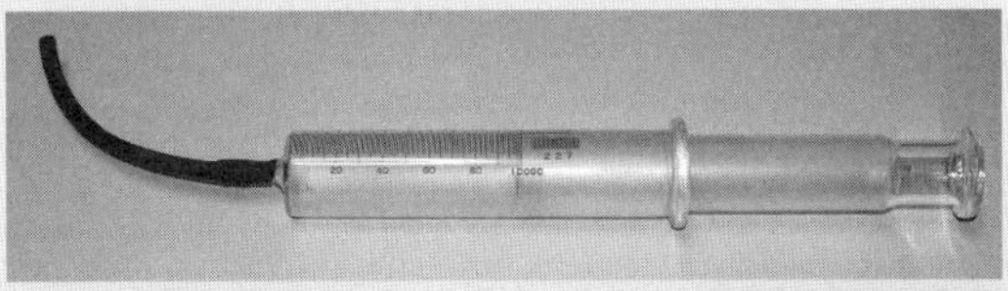

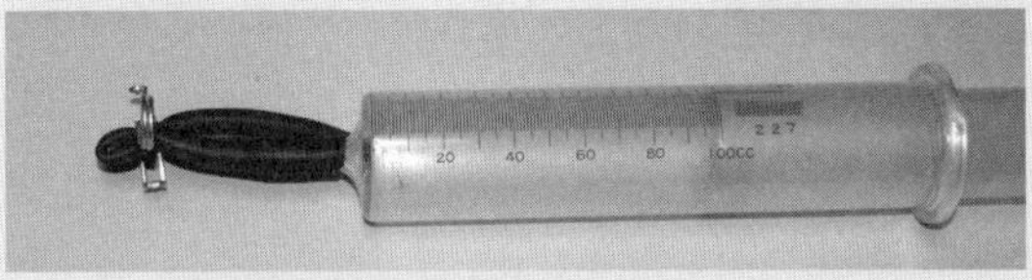

空気を入れたときのめもりを読んでから（写真上）、空気が漏れないように、浣腸器の先のゴム管をピンチコックではさみます（写真下）。

2 空気の性質を確かめる

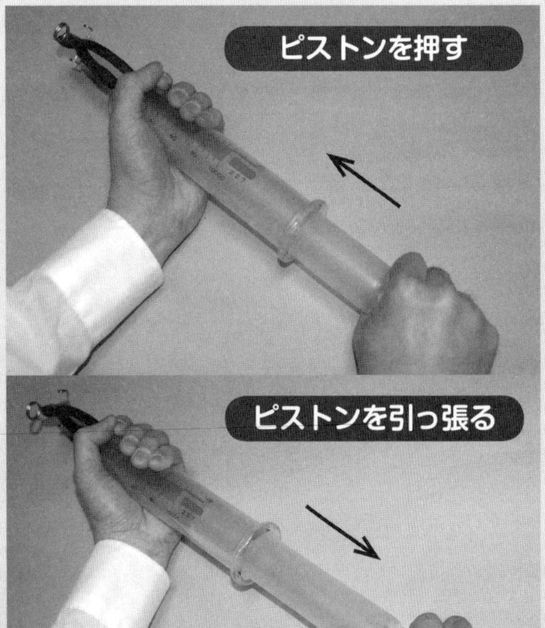

ピストンを押すと、中の空気が押し縮められることがわかります。そして、ピストンを少し引っ張り、手を離します。

3 めもりを読む

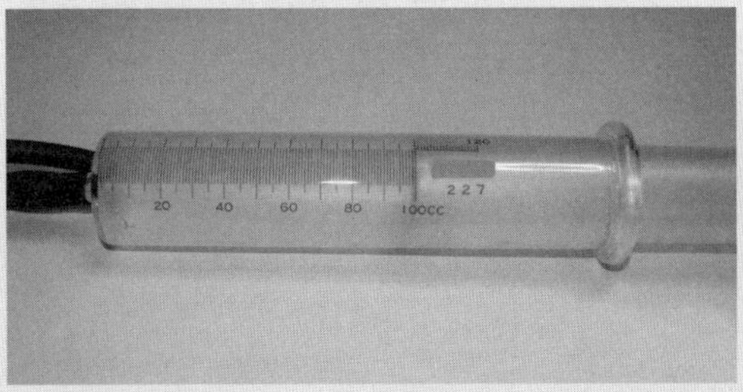

めもりを読むと、もとの位置に戻ったことがわかります。

caution!

浣腸器やガラス製注射器のピストンは、一度シリンダーから引き抜いてしまうと、シリンダーに戻すのが困難です。引き抜かないようにしましょう。

また、ピストンにはときどきワセリンなどを薄く塗布して滑りをよくすることも必要です。

こうすれば失敗しない！

10. ドライバーの正しい使い方

▷実験をサポートする重要アイテム

実験器具のメンテナンスに、ドライバーは欠かせない道具です。ドライバーが輪軸の原理を利用した道具であることを理解し、正しい使い方を身につけましょう。

一般的なドライバーと精密ドライバー

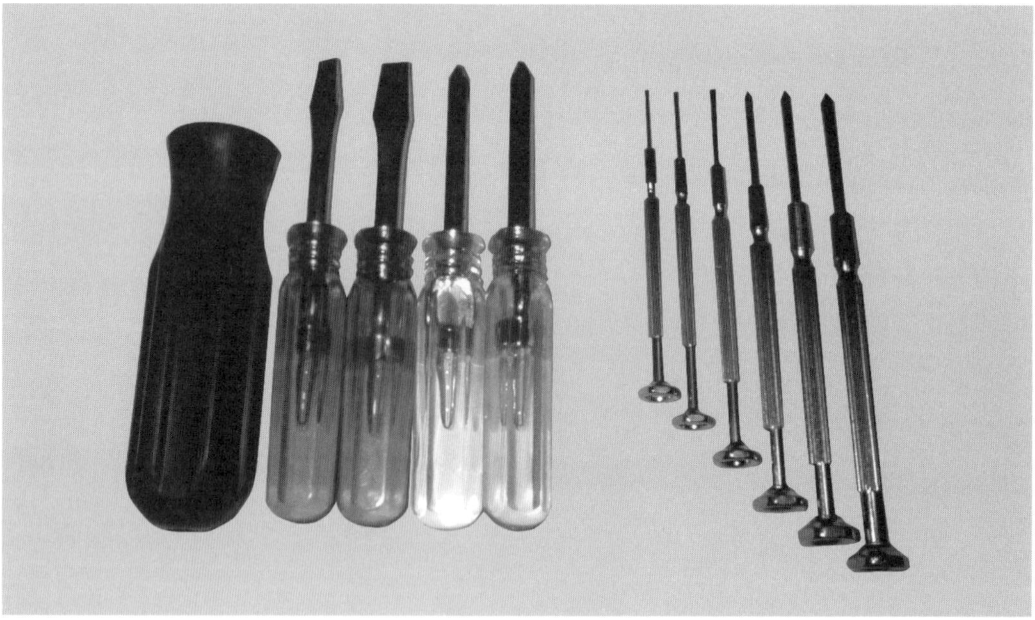

一般的なドライバー

写真の左側の４本のドライバーは、家庭でもよく使われている一般的なマイナスドライバー（左の２本）とプラスドライバーです。黒いキャップのようなものは、ハンドルカバーです。

精密ドライバー

写真の右側は、時計の修理など、精密な機器のメンテナンスに使われることが多い精密ドライバーです。

こんな失敗…

- ネジ山がつぶれてしまった。
- ネジが固くて回せない。

これで解決 !!

- ドライバーの先端がネジをしっかりとグリップせずに上滑りしてしまうからです。ネジ山に合ったドライバーを使いましょう。
- 貫通型のドライバーを使います。

ドライバーを正しく使おう！

1 ネジ山をつぶさないように、ネジをしっかりグリップさせて使う

ネジ山をのりこえ、上滑りしないように、大きすぎず、小さすぎず、ネジ山にピッタリと合うドライバーを選んで使いましょう。

ドライバーをネジに垂直に押し当て、力の配分を

押す力：回す力＝7 ：3

になるようにしましょう。

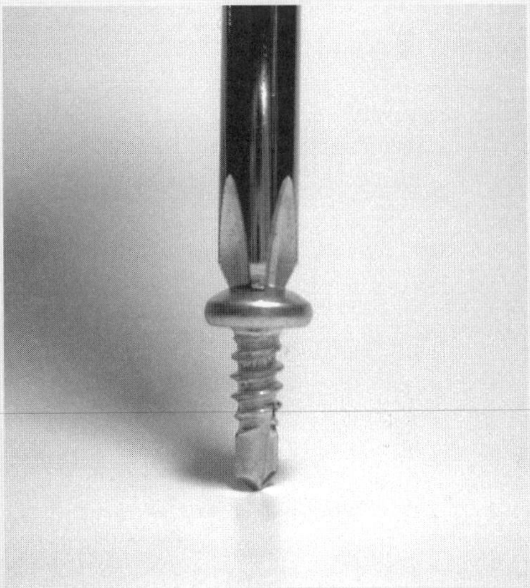

2 どうしても固くて回せないときは、貫通型のドライバーを使う

ネジが固くて一般的なドライバーでは回せないときは、貫通型のドライバーを使いましょう。

※貫通型のドライバーの使い方は、46ページ「科学のメガネ　ドライバーを使いこなすコツ」を参照してください。

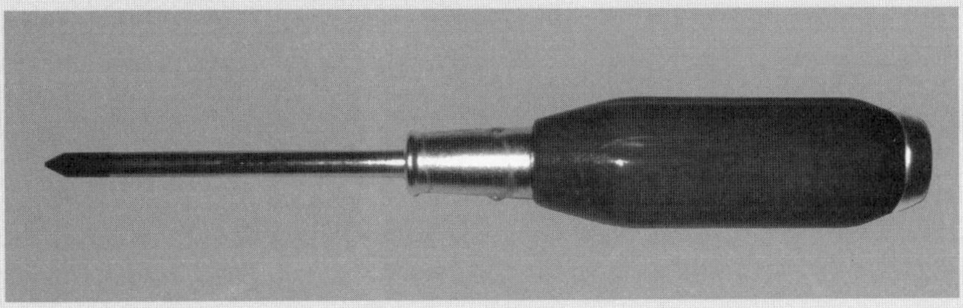

科学のメガネ

ドライバーを使いこなすコツ

ピッタリ合わせる

ドライバーは、輪軸を利用した道具の一種です。ですから、ハンドルの部分の半径が大きいほど、回しやすくなり、ドライバーの先端に力がかかりやすくなります。下の写真の一般的なドライバーの場合は、単体で使用するよりも、ハンドルカバーを取りつけたほうが、半径が大きくなる分、（同じ力を加えたときでも）より大きな回転能（トルク）が得られるようになるのです。

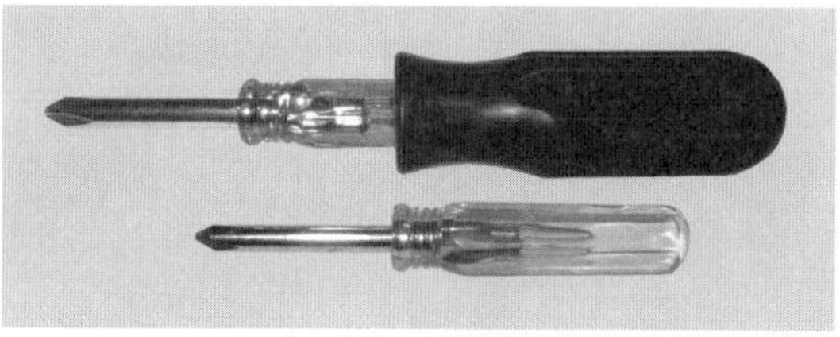

一般的なドライバーにハンドルカバーをつける。

精密ドライバーは、注射器のような独特の形をしています（44ページの写真を参照）。下側に見える円盤状の部品は自由に回転するようにできています。こちらも何本かのセットになっています。精密ドライバーのセットによっては、同じ規格のドライバーが複数本入っている場合があります。それは、決まって、細くて小さなマイナスドライバーです。先端が細くて小さなマイナスドライバーは変形、破損しやすいので、ドライバーの先端を砥石やサンドペーパーで削り、ネジ山にピッタリと合うように調整して使用するためです。高級機械式腕時計には小さなマイナスネジが使用されているので、新品のドライバーでも調整してから使うことが多いようです。

力の配分は７：３

ネジ山をつぶさないためには、ドライバーをネジに垂直に押し当て、力の配分を「押す力：回す力＝７：３」にすることが大事です。この配分は、締めるときも緩めるときも同じです。

精密ドライバーの独特の形は、垂直に保持して、しっかりと押し当てることができるように工夫されたものなのです。下の写真を参考にして、練習してみてください。

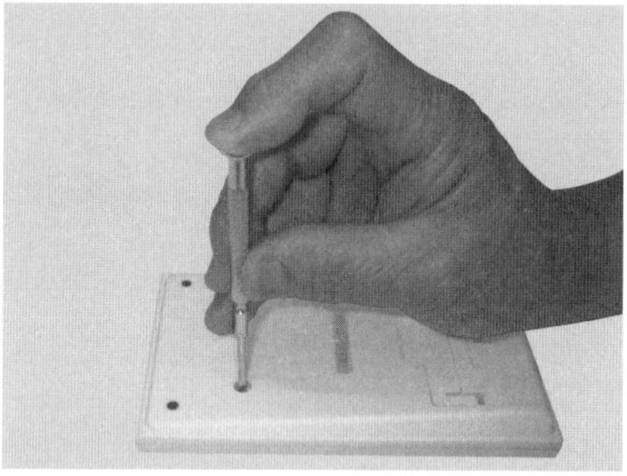

それでもネジ山がつぶれたら

それでもネジ山がつぶれてしまったら（あるいはつぶれそうになったら）、緊急避難的に使用できる便利なものがあります。ホームセンターや自動車用品店で売られているネジ山を修復するための材料です。特殊な粒子が入った液体で、接着剤のような容器に入っています。ネジ山に一滴垂らすことで摩擦力が増し、ネジが回しやすくなります。

その他の注意点

上の写真は、電卓の電池交換のために裏ぶたを開け、再びネジを締めているところです。

ネジ（雄ネジ）は金属ですが、本体（雌ネジ）はプラスチックそのものです。このプラスチックの溝をつぶさないために、最初はごく軽く押し当て、双方の溝がかみ合うまで反時計回りに回します。かみ合ったあとは7：3の力配分で時計回りに回します。

全体をバランスよく締めるため、すべてのネジを順番に、数回に分けて締めていきます。たとえば、ネジが4か所ある場合、左上→右下→右上→左下→左上……と締めていきます。

電動ドライバーの場合

充電池の高性能化にともない、安価で使いやすい電動ドライバーが増えてきました。余裕があれば1台購入してみましょう。

電動ドライバーは、筒型のものとピストル型のものに分かれますが、どの機種が使いやすいか、実際に手で持って選ぶことが必要です。電動ドライバーでも、「ピッタリ合わせて」、「押す力：回す力＝7：3」という原則は同じです。ピッタリ合わせるために重量バランスはよいか、また、（回す力はモーターが担いますから）しっかりと押しつけるために持ちやすい形状になっているか、注意して選びましょう。電動ドライバーでは、先端部は差し替え式になっています。また、回転能の強さはダイヤルで調整するようになっています。回転方向を切り替えることで、締めと緩めの両方に対応しています。

固くて回せないときは

ネジ山がこわれたわけでもないのに固くて回せない場合の解決法があります。ただし、この方法を試す場合には、安全のため、金属部がハンドルの後端まで貫通した特殊なドライバーと保護眼鏡（安全眼鏡）が必要です。貫通型のドライバーをネジ山にピッタリと合わせたまま、ハンドルの後端をハンマーでたたきます。

こうすることで、雄ネジの溝と雌ネジの溝の間にわずかな隙間ができて回すことができるようになるのです。この方法を試しても回せない場合は、最終手段としてネジをこわさなければなりません。具体的には、ドリルでネジごと掘り進めるのです。

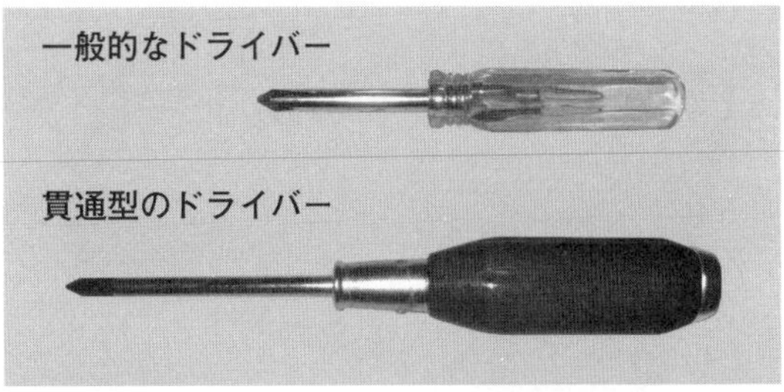

もっと知りたい！

締めることしかできないネジとは？

特殊用途のネジとして、締めることはできるが、緩めることのできないネジというものがあります。一種の封印として利用されるものですが、どのようなしくみになっているかわかりますか？　答えは、最初から緩める向きのネジ山をつぶしてあるのです。締める向きには急な崖のような形状ですが、緩める向きにはなだらかな坂のような形状なのです。ですから、上滑りして緩めることができないのです。

こうすれば失敗しない！

11. マッチを上手に使う❶ マッチのしくみを知る

▷実験をサポートする重要アイテム

水を沸騰させたり、食塩水を蒸発させたりと、加熱器具を使う場面で、着火の道具としてマッチを利用します。このマッチのしくみを調べます。

マッチのしくみ

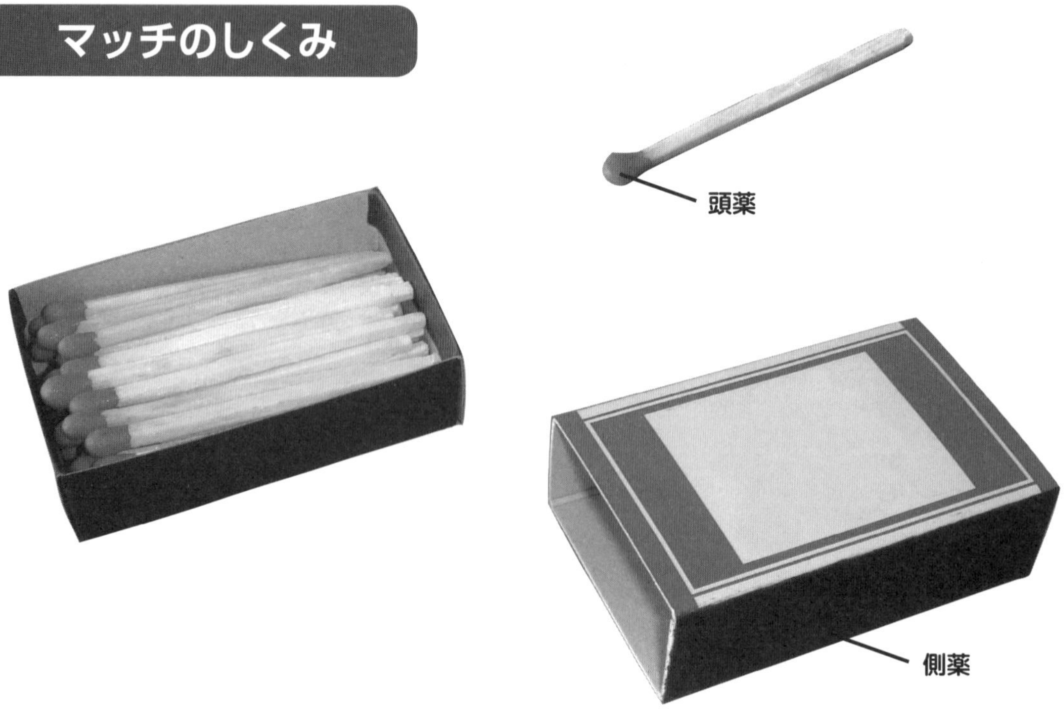

- ◆ マッチの軸の先端の薬剤がついている部分を頭薬《とうやく》といいます。
- ◆ マッチ箱の側面の薬剤がついている部分を側薬《そくやく》といいます。
- ◆ 頭薬と側薬を擦り合わせると火がつきます。

こんな失敗…

● マッチを擦っても火がつかない。

これで解決!!

● マッチの頭薬と側薬をしっかり擦り合わせます。また、マッチをぬらしたり湿らせたりしないようにします。

マッチを擦って火をつけてみよう！

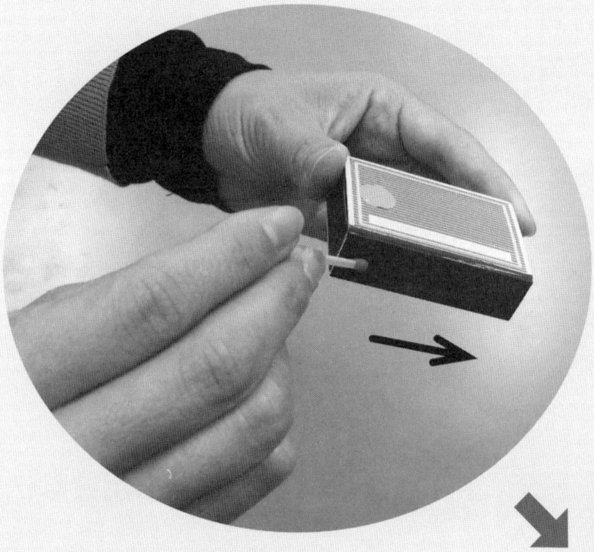

マッチの頭薬を側薬につけ、しっかり擦り合わせます。

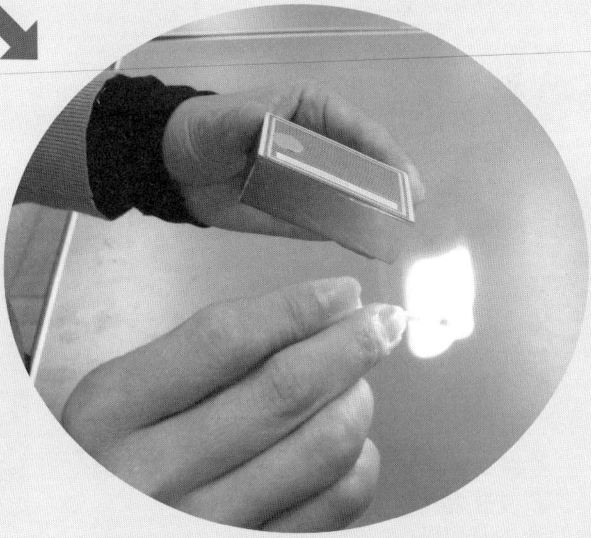

薬剤をぬらしたり湿らせたりしないこと!!

マッチに使われている薬剤は、ぬれていたり湿っていたりすると、火がつきにくくなるので注意しましょう。

caution!

マッチを安全に使うために50ページ「12.マッチを上手に使う❷マッチを安全に使う」を読みましょう。

燃えさし入れを用意しよう！

マッチの燃えさしは、小型の空き缶などに水を入れたものに捨てます。水を切らすと、ほかの軸木に燃え移ることもあるので注意します。

こうすれば失敗しない！

12. マッチを上手に使う❷ マッチを安全に使う

▷実験をサポートする重要アイテム

実際にマッチを使ってみます。安全に使うことを覚えます。

マッチを使うときの注意点

頭薬の向きを示す印をつける

マッチのふた箱には「➡」や「●」などの頭薬の向きを示す印をつけます。

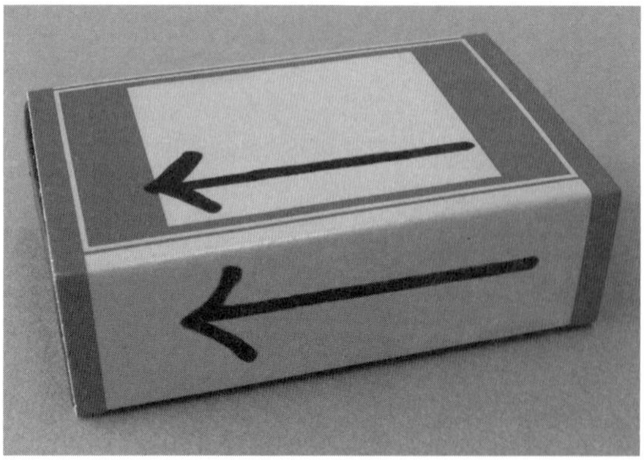

マッチを教室外へ持ち出さない

指導者は持ってきたマッチ箱の数を確認してから保管するようにしましょう。

マッチ箱の頭薬の向きと逆方向にマッチ棒を擦る

中にある**マッチの頭薬が手前**にくるようにマッチ箱を持ちます。マッチを擦るときは、手に持ったマッチ棒の頭薬が、手前からからだの外側に向かうように擦ります。そのとき、マッチを擦る方向に人がいないことを確認しておきます。

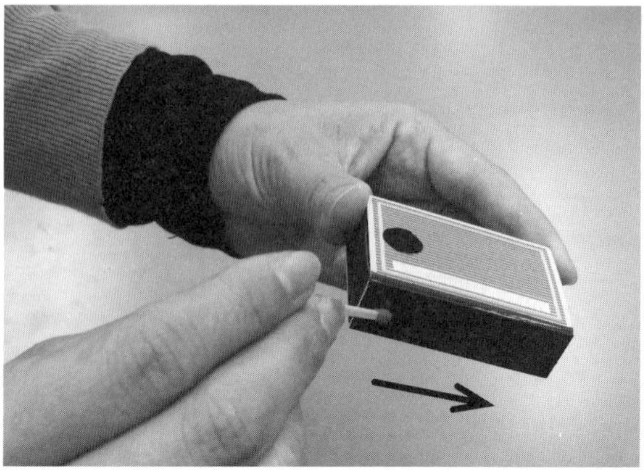

こんな失敗…

- マッチを擦るとき、マッチ棒の軸を折ってしまった。
- マッチに火がついてもすぐに消えてしまった。

これで解決!!

- マッチ棒は、親指、人差し指、中指（三点支持）で持って擦ります。
- マッチに火がついたあと、すぐに軸を上に向けないで、横か下に向けるとすぐには消えません。

マッチ棒の持ち方に注意してマッチを安全に使ってみよう！

用意するもの

安全マッチ、空き缶などの燃えさし入れなど。

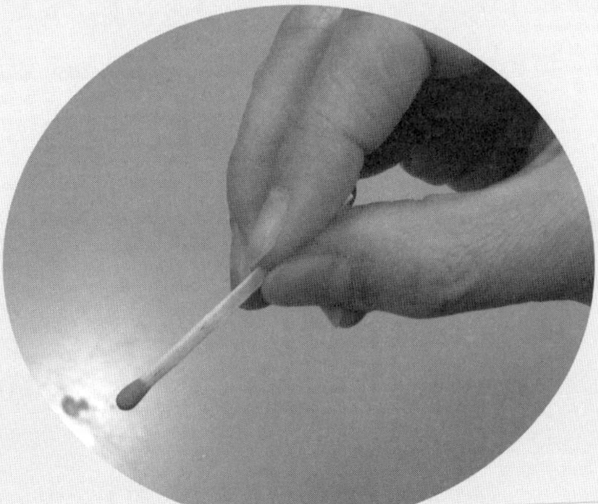

マッチ棒は、端を親指と人差し指、中指で持ちます。

火がついたマッチ棒（軸）の持ち方

火がついたマッチの軸の頭薬部分を上に向けると、点火直後だとすぐ消えてしまいます。

マッチの軸を横に倒します。

横に向けると炎が広がり、火はすぐには消えません。

科学のメガネ

マッチのことをもっと知るために

マッチを安全に使うために

1. マッチの扱い方

マッチを使うときは、箱の中のマッチの頭薬がそろっていることを確認し、マッチを１本とり出します。50ページの写真のように、マッチのふた箱には頭薬の向きを示す印をつけておきます。

火をつけたとき、箱のすき間から火が入って箱内の頭薬に燃え移ることのないように、安全を考えてマッチ箱を持つ向き（頭薬の向き）に注意します。

マッチを擦るときは、中にあるマッチの頭薬が手前にくるようにマッチ箱を持ち、マッチの軸の頭薬を手前から向こうに向けて、側薬に擦り合わせます。そのとき、マッチを擦る方向に人のいないことを確かめます。それは、マッチを擦ったとき、マッチの軸が折れて飛んでいかないとも限らないからです。折れた軸が飛んでいった先に人がいたらたいへんです。ですから、マッチは人のいない方向に擦ることがたいせつです。

2. 火をつけたマッチの扱い方

炎によって暖められた空気は比重が軽いので、上に昇ります。火がついてすぐにマッチの軸の頭薬部分を上に向けると、軸に火がつく前に空気によって吹き消されてしまいます。ところが、マッチの燃えはじめに、マッチの軸を横向き、または軸の火のついた側を下向きにすると火が軸に燃え移ります。このようにして火をつけることができます。

マッチの軸を横向きにしたり、火のついた側を上向きにしたりしてコントロールすると、火を長もちさせることができます。

3. マッチ棒（軸）の持ち方

マッチ棒の端を親指と人差し指、中指で持つ方法にはどんな意味があるのか考えましょう。点火したマッチは火がついているので、端を持つことによってさほど熱さを感じることなく持ち続けることができます。マッチの軸の火のついた側を下に向けると炎が大きくなるので、指にやけどを負うことにもなりかねません。火のついた側を上に向けると炎は小さくなってやがて消えてしまいます。

マッチの秘密

何気なく使っているマッチには、いろいろな秘密が隠されています。まず、マッチ箱を手にとってみましょう。

マッチは大きく分けると、頭薬が塗布された軸木と、側薬が塗布された箱からできています。軸木を持って、小箱の側薬に擦りつけると発火します。**擦ると発火する**、これが**〈秘密１〉**です。

そして、よく観察してください。**発火した瞬間だけ炎が大きくなり**、すぐに炎は小さくなります。これが**〈秘密２〉**です。

1.〈秘密１〉マッチを擦ると発火するのは

マッチの頭薬、側薬に使われる薬品は表１のとおりです。マッチを擦ると摩擦熱で、発火剤の赤リンが燃えます。すると、頭薬に火が移り、イオウや松ヤニが燃えるのです。このとき、点火を助けるために酸化剤（酸素を含んだ薬品）が活躍します。

表１　マッチに使われる薬剤の種類とはたらき

	薬剤の種類	はたらき	成　分
頭薬	酸化剤	燃えるのを助ける	塩素酸カリウム
	燃焼剤	燃えて炎を発する	イオウ、松ヤニ、ニカワ
	調節剤	炎の大きさを整える	ガラス粉、雲母、粘土
	接着剤	薬剤を軸木に固定させる	ニカワ
側薬	発火剤	火を起こす	赤リン、塩化アンチモン
	接着剤	薬剤を紙に固着させる	合成樹脂

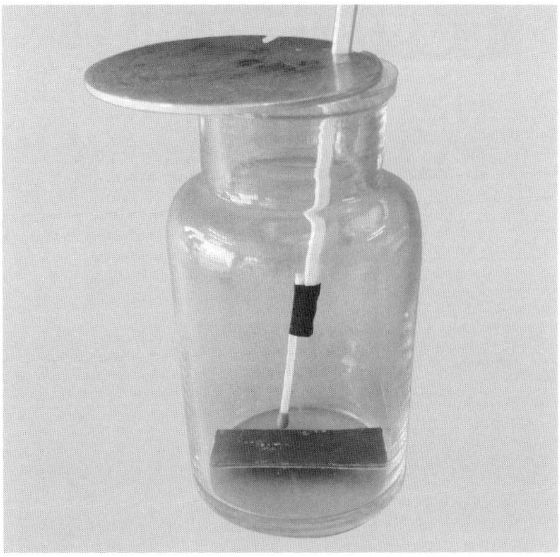

二酸化炭素を満たした集気ビンの中でマッチを擦る実験。マッチを擦った瞬間だけ炎を観察できる。

マッチを使い込むと、小箱のわきに塗られた側薬がすり減っていくのは、側薬が燃えて失われているからです。

2.〈秘密2〉マッチを擦った瞬間、炎が大きくなるのは

頭薬には燃えるのを助けるために酸化剤が入っています。このため、マッチは酸素がない状態でも発火できます。

簡単な実験を紹介しましょう。集気ビンの中に側薬の部分を入れ、二酸化炭素を満たします。軸木を竹串かガラス棒にくくりつけ、集気ビンの中で擦りつけるのです。擦った瞬間だけ、炎が観察できます。

改良されたマッチの歴史

1827年、イギリスで摩擦マッチが発明されましたが、火つきが悪く悪臭を放ちました。

1831年にフランスで黄リンマッチが発明されましたが、黄リンの毒性や、わずかな衝撃で発火し火災の原因となりました。これが『マッチ売りの少女』のマッチです。絵本のなかでは、建物の壁で発火させています。

その後、1855年にスウェーデンで赤リンマッチが発明されました。これが「安全マッチ」です。現在も使用されています。国内でのマッチの使用量は減少傾向にありますが、諸外国ではマッチの需要が高く、日本のマッチは世界中で活躍しています（54ページ「13. 摩擦マッチのしくみ―『マッチ売りの少女』のマッチのふしぎ―」を参照）。

発火点とマッチのかかわり

マッチの頭薬を、熱した金属にあてると炎がないのに着火します。これはイオウが232℃で発火するからです。ある物質を空気中で加熱するとき、炎がなくても発火する最低温度を**発火点**といいます。頭薬にイオウが使われたのは、発火点の条件も加味されているのです。

炎がなくても発火する性質は、ディーゼルエンジンにも利用されています。空気を圧縮して高温状態をつくり、ディーゼル燃料油（発火点は225℃）を吹き込めば、自然に発火燃焼するのです。このため、ディーゼルエンジンには、点火プラグはありません。

こうすれば失敗しない！

13. 摩擦マッチのしくみ

―『マッチ売りの少女』のマッチのふしぎ―

▷実験をサポートする重要アイテム

ふつうのマッチは、頭薬と側薬を擦り合わせないと火がつきません。でも、『マッチ売りの少女』のマッチのように、壁に擦って点火することのできるマッチもあります。

「ロウマッチ」というふしぎなマッチ

上の写真は、マッチの頭薬を壁に擦って火をつけることができる「ロウマッチ」です。箱の側面に「STRIKE　ANYWHERE」と書いてありますが、これが「ロウマッチ」の目印です。

注意書きには、「本革の靴底やコンクリート等ザラザラした所なら、どこで擦っても発火するので、落としたり、つぶしたりしないでください」と書かれています。

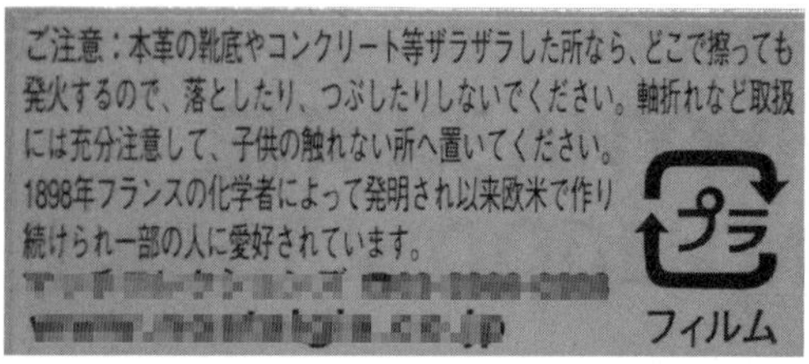

ロウマッチの注意書き

こんな失敗…

●『マッチ売りの少女』をまねて、マッチ棒の頭の丸い部分（頭薬）を壁に擦ってみたけれど火がつかなかった。

これで解決!!

●ふつうのマッチではなく、「ロウマッチ」という特別なマッチを使うと、頭薬を壁に擦れば火がつきます。

摩擦マッチの“ふしぎ”を知ろう！

「ロウマッチ」は安全性を考えて作られた摩擦マッチです。

アンデルセン童話の『マッチ売りの少女』は、特別なマッチを使っています。それは、クライマックスの場面で、少女がマッチを擦る場面でわかります。マッチ箱とマッチを擦っているのではなく、マッチを壁に擦っているからです。

現在、出回っているマッチを壁に擦っても、火をつけることは不可能です。何度壁に擦っても、火をつけることはできません。「ロウマッチ」という特別なマッチを使う以外、壁を擦っても火がつきません。

では、『マッチ売りの少女』は、なぜ火をつけることができたのでしょうか。

アンデルセン童話の『マッチ売りの少女』が発表されたのは、1848年のことでした。このとき、すでにマッチは発明されていました。1827年、イギリスで、最初のマッチが発明されています。しかし、そのマッチは、あまり火のつきがよくなかったのです。

その後、1831年に、フランスで黄リンマッチが発明されました。マッチの軸の頭の部分に、黄リンを使ったマッチです。このマッチは、頭の部分を何に擦りつけても発火する、たいへん便利なマッチでした。『マッチ売りの少女』が書かれたころは、この黄リンマッチがどんどん普及していった時代なのです。

ところが、この黄リンマッチには、たいへんな欠点がありました。よく火がつくということは、自然に発火してしまうという危険があります。また、黄リン自体たいへんな毒性があり、致死量は0.1gほどです。作る人たちの健康が危うくもなるのです。

それに対して、リンを使うにしても、安全なリンを使えばよいのではないかと開発が進められました。リンには、同素体といって、同じ原子でもその配列や結合のしかたが違うものがあるのです。黄リンは猛毒ですが、赤リンは、なんと無毒です。

赤リンは、マッチ箱の側薬、つまり摩擦面に含ませる薬品として使ってあります。頭薬、つまり軸の頭の部分には、酸化剤の塩素酸カリウムなどを使っています。このマッチは、マッチの軸の頭の部分を、箱の側面に擦りつけなければ発火しません。これを安全マッチといいます。1855年にスウェーデンで発明されました。

安全マッチが発明されると、危険な黄リンマッチは1912年に世界的に製造禁止になりました。しかし、何にでも擦りつければ火がつくマッチ（安全マッチに対して、摩擦マッチといいます）も、必要とされていました。アメリカなどで現在でも人気のロウマッチは、安全性も考えて作られた摩擦マッチです。

こうすれば失敗しない！

14. 温度計を正しく使う

▷実験をサポートする重要アイテム

理科の実験に温度計は欠かせません。正確に温度を測定するための正しい使い方を知りましょう。

温度計の種類

温度計には、もっともポピュラーな棒状温度計のほか、さまざまな機能を備えた温度計があります（61ページ「もっと知りたい！」を参照）。

棒状温度計

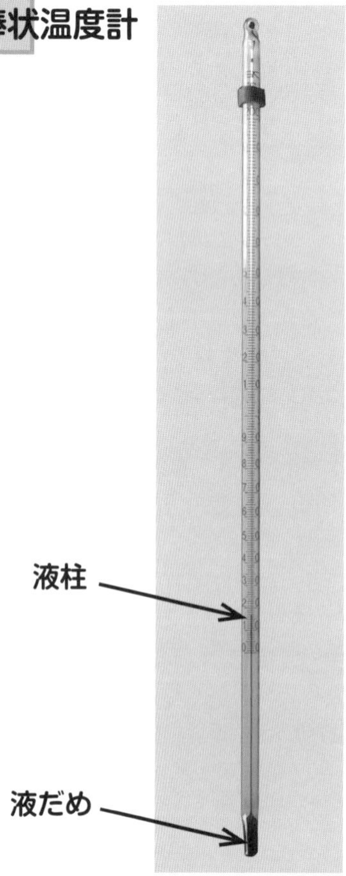

デジタルサーミスタ温度計

電気抵抗をはかることで測定します。

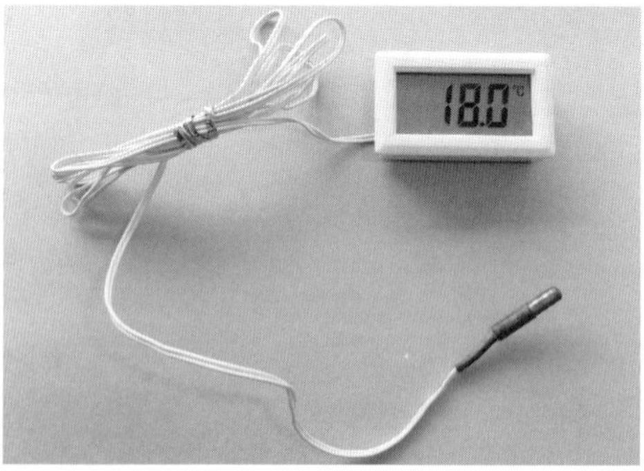

放射温度計

物に直接触れずに物体の表面温度がはかれます。

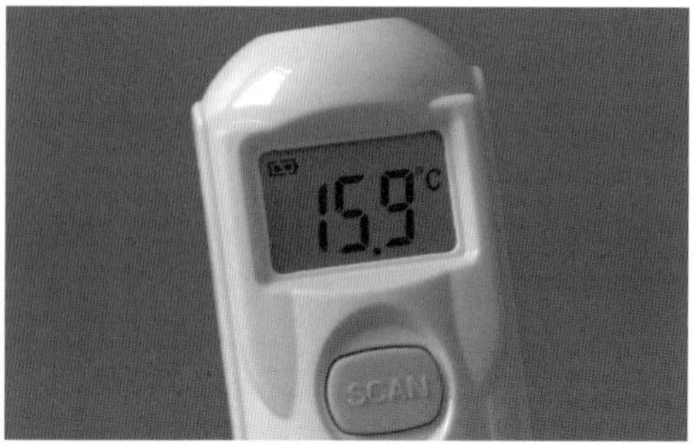

こんな失敗…

- 実際よりも高い温度を読みとったり、低い温度を読みとったりしてしまう。
- 温度計が途中で液切れして正確な温度がはかれないが、直し方がわからない。
- 温度計で溶液をかき混ぜて、温度計を割ってしまった。

これで解決!!

- 温度計の温度は液柱の先を真横から見ます。上のほうや下のほうから見ると、実際の温度を読みとれないからです。
- 液柱が切れたときは、高温の湯につけ、液柱がつながるまで温度を上げると直ります。
- ビーカーなどに入っている液体をかき混ぜるときは、ガラス棒を使います。

温度計の正しい使い方を知ろう！

ビーカーなどの容器に入っている液体の温度をはかるときは、棒状温度計を使います。

温度を読みとる

赤い液柱の先を真横から読みとります。

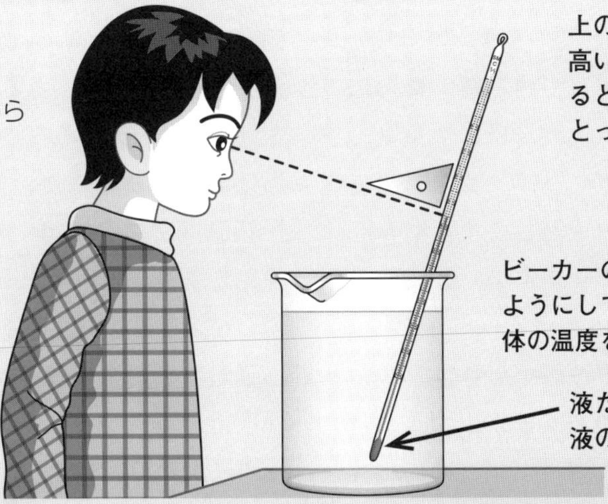

上のほうから見ると実際より高い温度を、下のほうから見ると実際より低い温度を読みとってしまう。
ビーカーの底や壁につけないようにして温度計を入れ、液体の温度をはかる。
液だめをビーカーの液の中につける。

溶液を混ぜるとき

温度計で混ぜてはいけません。温度計をビーカーから出して、ガラス棒で混ぜます。

ガラス棒の先にシリコンのゴム管を数cmさしておくとビーカーに当たっても破損しにくい。

切れた液柱を直すとき

温度計を高温の湯につけ、液柱がつながるまで温度を上げます。

科学のメガネ

棒状温度計をくわしく調べる

棒状温度計のしくみ

棒状温度計の構造は、56ページの写真のようになっています。温度計の下のほうに**液だめ**があります。ガラスは金属に比べて熱を伝えにくいので、中の液体が測定温度になるまで時間がかかりすぎないように、液だめの部分のガラスはめもりの部分に比べて薄く作られています。そのため、ほかのガラス容器などに当たると簡単に割れて、中の液が出てしまいます。

棒状温度計の中の液体（感温液）には、有機物の液体や水銀が使われています。

液柱（液だめにつながっている細い管）に赤い色がつけられた棒状温度計は、アルコール温度計とも呼ばれますが、割れたときに出てきた赤い液は石油のにおいがします。中の液は、温度計の種類にもよりますが、灯油や軽油などに赤い色をつけたものが入っています。

棒状温度計は、液だめの液が熱によって膨張したとき（熱膨張）、液柱を液が上がっていくことで温度を測定しています。液だめに比べて温度表示部分の管があまりにも細いため、ほんの少しの液の体積変化でも液柱の長さが大きく変わります。

熱膨張とは、物体の温度を上げると、粒子の熱運動が激しくなり、ほとんどすべての物体で長さや体積が増すことです。体積の増加は、温度の上昇に比例して、固体より液体、液体より気体と、順に大きくなります。

棒状温度計のケースには、筒の下にスポンジのようなやわらかいものが入っています。温度計には、スポンジやシリコンのリングがついていて、ケースに直接触れないようになっています。これは、運搬や移動の際のショックをやわらげて液切れをしないようにするためです。また、リングがついていることで、机の上に置いたときに転がるのを防ぎます。転がったときのショックで、液切れを起こさないようにするためです。

棒状温度計の正しい測定のしかた

小学校の４年に「水の沸騰温度は100℃」ということを確かめる実験がありますが、実際に測定すると95℃くらいで、それ以上は上がらなかったという経験があると思います。これは、１気圧より低いところで測定しているか、棒状温度計の選び方や使い方に原因があります。棒状温度計にも測定するものや方法によって種類があり、それぞれに適した棒状温度計を使わないと正しく測定できないからです。

通常、私たちが使っている棒状温度計は、温度計の形式や測定のしかたなどによって３種類に大別できます。

１つは、完全浸没温度計です。測定する気体や液体などに完全に沈めて使う温度計です。

２つめは、全浸没温度計です。測定する液体の温度のめもりまで沈めて使う温度計です。

３つめは、浸没線つき温度計です。印をつけたところまで測定したい液体に沈めて使う温度計です。

棒状温度計では、液体の膨張を利用して温度を測定しますが、ガラス自体が温度によって膨張することを考えて、めもりを刻んでいます。

私たちがふだん目にしている安価なガラス

製の棒状温度計は、測定のしかたについて何も指示されていないので、全浸没で測定します。この棒状温度計で小さなビーカーなどに入った液体の温度を測定しようとすると、液だめのところは液体の中に沈められますが、めもりの部分はほとんど空気中に出ているので、測定誤差がかなり出てしまいます。

棒状温度計で気温を測定するときは完全浸没状態になるので、測定のしかたによる誤差はなくなります。そこで、完全浸没と同じような状況を作り、棒状温度計を使って水が沸騰する温度をはかってみました。

下の写真（左）のように、500mLの丸底フラスコを使って実験をしました。

この写真では、棒状温度計の上の部分が丸底フラスコからはみ出ています。この状態では温度計全体が丸底フラスコの中に入っていないので、棒状温度計の上端まで温度は上がらないのではないでしょうか。

ところが、目には見えませんが、水蒸気が丸底フラスコの口から出ているので、実際に、棒状温度計のめもりを読んでみると、ほぼ100℃になっていました。実験の際に子どもたちに、「科学者が1気圧で精密な実験をすると、100℃になりますが、みんながやる実験では何度ぐらいずれてしまうと思いますか。5℃、10℃、それ以上」と意識させておくと、1℃の違いが出ても、科学者の精密な実験とほとんど変わらないから、かなり正確だと、意識づけることができます。

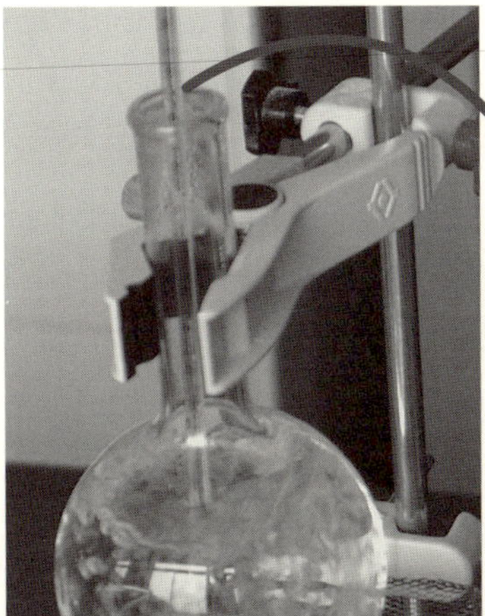

丸底フラスコに棒状温度計を入れて水の沸点を測定する。

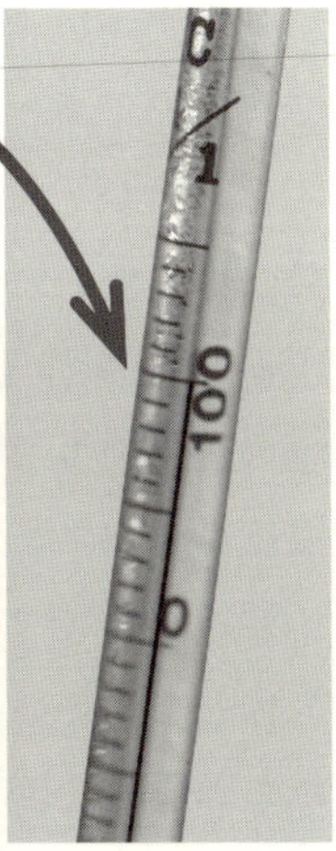

目に見えない水蒸気で棒状温度計の上端まで浸没している状態になっているので、棒状温度計は約100℃を示している。

棒状温度計取り扱いの注意点

棒状温度計の取り扱いについて注意しておきたいことをあげます。

1. 経年変化

ガラスは年月がたつと収縮する性質があります。長年使っていると温度計の球部に入っている感温液が上部の毛細管に押し上げられ、実際よりも高い温度を示すようになります。

2. 遅れ

測定したいものの中に温度計を入れたとき、正しい温度が示されるまでに時間がかかります。とくに感温液が白灯油のものは、水銀のものより遅れが大きくなります。その理由は、白灯油は表面張力が小さいので、液柱の中を動くときに壁面を濡らすからです。

棒状温度計のメンテナンス

1. 液切れした液柱の直し方

液切れした棒状温度計では正確な測定ができないので、液切れしていない温度計を使います。でも、液切れしていても、うまく直せる場合があります。

アルコール温度計の場合に簡単なのは、いちばん上まで温度を上げて、切れた液体をつなげることです。50℃の温度計であれば、水を50℃以上に温めて温度計を入れ、つながったらすぐに温度計を引き上げて空気中で冷まします。100℃や200℃の温度計では、食用油をその最高温度以上に温めてそこへ温度計を入れて同じように直します。温度計を直接炎で温めると割れてしまうことがあるので厳禁です。

水銀温度計が液切れした場合は、粉末にしたドライアイスの中に浸します。水銀の液は全部球部に入り凝固します。ドライアイスが昇華して水銀が常温に戻ると液はつながります。

水銀温度計が割れたときには、すぐにスポイトなどを用いて、飛び散った水銀を密閉できるガラスビンやポリ容器に回収します。水銀の蒸気を長時間吸い続けると中毒になる恐れがあるので注意が必要です。

2. 薄くなっためもりの直し方

棒状温度計を長く使っていると、めもりが薄くなってきます。その場合、油性ペン、タワシ、紙を使って直しましょう。

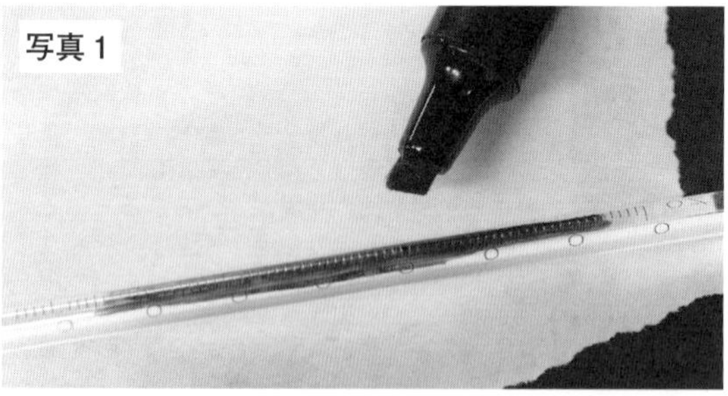

写真1

写真2

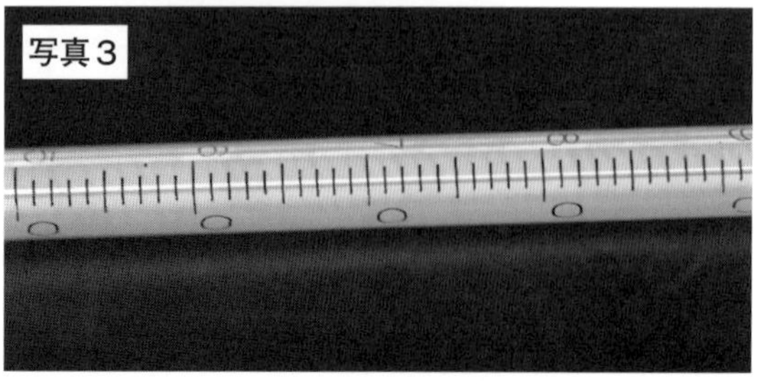

写真3

まず、めもりの薄くなった部分を、油性ペンで黒く塗りつぶすようにします（写真1）。次に、水をかけながらタワシや試験管ブラシで余分なところをきれいに洗い流します（写真2）。油性ペンでも、溝を切っていないところに塗ったものは洗い流せるのです。要らない紙などでふきとると、めもりが復活します（写真3）。

温度計のめもり

1600年ごろに作られた最初の温度計は、気体を使ったものでした。当時、イタリアの医者サントリオは、ガラス管にめもりをつけて、体温をはかるのに使ったようです。

ところが、空気温度計は、温度による体積変化が大きい分、小型化することが難しいところがありました。

そこで、液体温度計の登場となります。温度変化による液体の体積変化は小さくてわかりにくいのですが、その分、温度計としては、気体よりも小型化して持ち運びやすいものができるのです。そして、熱がよく伝わりやすい液体の金属（水銀）の存在が、優秀な液体温度計を作るために使われるようになったのです。

温度計を作るときには、基準が必要です。水の融点0℃が32°Fで、100℃が212°Fという温度計もあります。華氏温度計です。ずいぶん半端なようですが、水の融点と沸点の間を180等分してあることがわかります。ちなみに、私たちの体温を36℃として華氏で表してみましょう。すると次の計算式から ○°F=$\frac{9}{5}$□℃ +32 で、96.8°F、32の約3倍となります。

私たちは10進法の便利さを考えますが、めもりをつけるとき、2等分の2等分の……という刻み方をすると、32は2の5乗なので、等間隔のめもりをつける作業がしやすいのです。華氏温度を考えたドイツのファーレンハイトは、科学者で温度計製造業者でした。このファーレンハイトが作った華氏温度計は、正確だったので評判となり、広まることになりました。

現在の日本では、水の融点を0℃、沸点を100℃としてその間を100等分した、摂氏温度計に統一されています。

もっと知りたい！

用途に応じて温度計を選ぶ

■最高最低温度計

電子体温計のようなデジタル温度計は、温度センサーの電気抵抗が温度によって変化するのを利用しています。

最高最低温度計を見たことがあるでしょうか。ある期間、たとえば１日、１週間における最高と最低の温度をはかる温度計です。U字型のガラス管に２つのトルエン溜をもち、その一方には気泡が入れてあります。気温が高くなると気泡の膨張によってトルエンが押し出され、水銀柱は気泡と反対の方向に動きます。逆に気温が低くなると、気泡が収縮するために水銀柱は前とは逆の方向の気泡の入ったトルエン溜の方向に移動します。U字型のガラス管中の水銀柱の両端にそれぞれ、コバルトまたは鉄入りの青いガラスが入っています。「虫」と呼ばれているものです。この２つの「虫」は、水銀柱の動きにしたがってそれぞれ、ある期間の最高温度と最低温度の位置にとどまり、その温度を記録します。

■デジタルサーミスタ温度計

デジタルサーミスタ温度計は、電気抵抗をはかることで計測します。比較的敏感なので、温度が変化するとすぐにわかります。空気を圧縮すると温度が上がることを調べる実験は、棒状温度計ではなくこの温度計で行うとわかりやすいです。

■放射温度計

物に直接触れずに、物体の表面温度が測定できます。測定したい物質の中に温度計を入れなくてよいので、結晶作りの飽和水溶液の温度の測定に最適です。ひなたとひかげの温度の違いも、ボタン１つでたちどころにわかります。

■自記記録温度計

１日の気温を自動的にはかって紙に記録する温度計です。用紙をセットし、ねじを巻いておくと、自動的にグラフが描かれます。百葉箱の中に置かれていることが多いです。

■棒状温度計

いちばん手ごろな値段で買える温度計です。100 ℃ まではかれるものと200 ℃のものがありますので、両方そろえておくとよいでしょう。

＊＊＊

そのほかに、天ぷらを揚げるときに便利な高温が測定できる温度計などがあります。さまざまな温度計の特徴を生かし、用途に合わせて選んで使いましょう。

こうすれば失敗しない！

15. アルコールランプを安全に使う

▶学習指導要領 **4年**「金属、水、空気と温度」 **5年**「物の溶け方」 **6年**「水溶液の性質」

金属・水・空気を温めたり冷やしたりする実験で火を使うときには、やけどなどの危険を伴うので安全な使い方を知っておく必要があります。そこで、アルコールランプの点検のしかたや安全な使い方を学びます。

各部の名称と種類

アルコールランプは、燃料のアルコールが毛細管現象によって芯をのぼり、炎口の上で燃焼するものです。

各部の名称

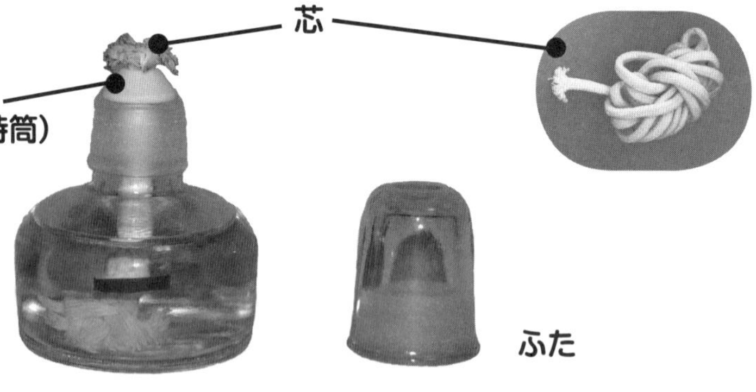

種類

アルコールランプには2種類あります。

ガラス製のアルコールランプ

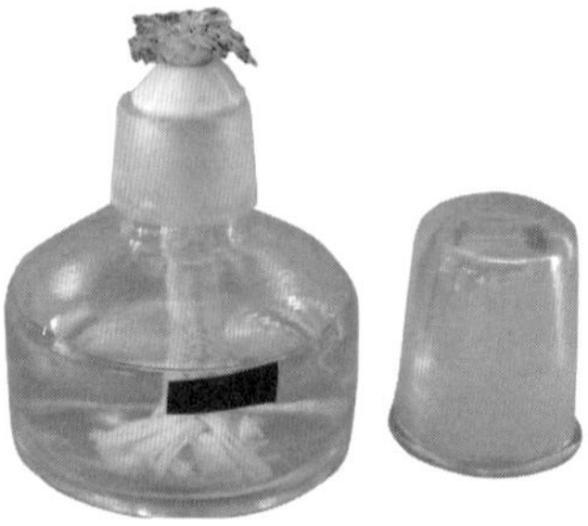

木綿製の太い芯を利用します。ふたや容器の一部にプラスチックを利用したものもあります。

トーチ型のアルコールランプ

トーチ型のものは金属製です。銅パイプの中にガラス繊維の芯が入っていて、吸い上げたアルコールが気化します。

こんな失敗…

●子どもたちにアルコールランプを安全に使わせる自信がない。

これで解決!!

●アルコールランプの使い方の基本を押さえましょう。また、安全に使うためには定期的な点検・メンテナンスが重要です。子どもたちが確実で安全な使い方を身につけるために、使い方とあわせて点検も習慣づけるようにしましょう。

アルコールランプの使い方を身につけよう！

用意するもの

アルコールランプ、マッチ、ぬれ雑巾、燃えさし入れなど。

火をつける

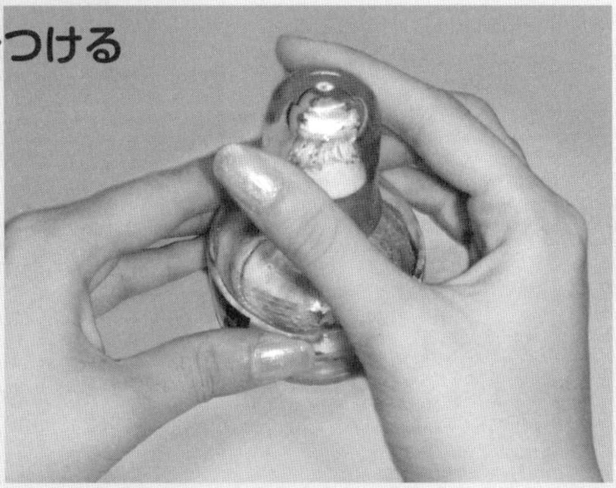

点火する前に容器を押さえながらふたをとります。ふたはころがりやすいので、**必ず立てて置く**ようにします。

マッチの炎を横から近づけ、芯に触れないように火をつけます。芯に触れるとごみがついて炎が炎色反応を起こし、色がつくからです。

火を消す

消火するときは、ふたを斜め横からかぶせます。ふたをすると、空気が遮断されて火が消えます。

火が消えたらいったんふたをとり、再度、ふたをします。ふたをしたままにすると、内部の気体が冷えて縮み、圧力が下がってアルコールが吸い上がるからです。

科学のメガネ　アルコールランプの取り扱い

アルコールランプの取り扱いの失敗と解決法

1. 時間をかけても水が沸騰しない

アルコールランプの芯が短くなっていて、火力が弱くなっているときは、芯をピンセットでつまんで出します。大きいビーカーを使うと熱が不足します。 200mLくらいのビーカーを利用して、熱が逃げないようにアルミホイルでふたをすると、水は沸騰します。

2. 水が急に沸騰し、飛沫が飛び散った

急に沸騰が起きる現象を突沸といいます。新品のビーカーを利用するときによく起こります。突沸を防ぐためには、市販の沸騰石や素焼きの植木鉢を細かく砕いた破片を、1～2個入れて実験します。

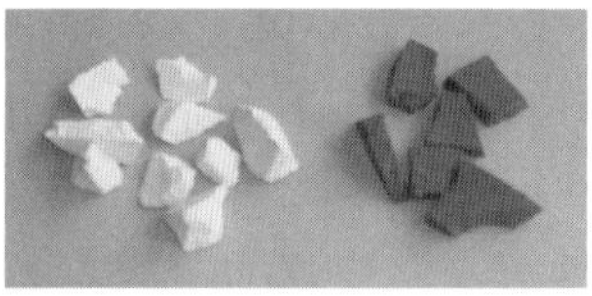

沸騰石として利用する素焼きの破片

3. 水が沸騰しても100℃にならない

子どもが利用する温度計は、液柱がはかるものに触れているとき正しい温度がはかれます。液だめを沸騰している水に入れても、液柱が外気に触れていると正しい温度ははかれません。この実験は、温度計を丸底フラスコの中に入れて冷たい空気に触れないようにすると、100℃近くを示します。小学校では、水は沸騰すると温度が変わらなくなることを学習するので、100℃にこだわる必要はありません（「14. 温度計を正しく使う」の「科学のメガネ」59ページを参照）。

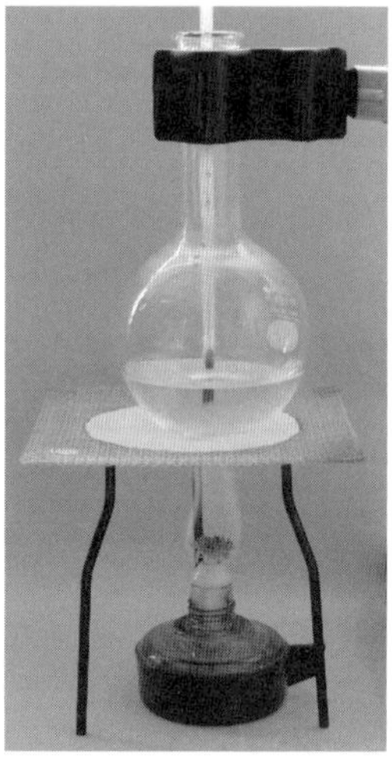

もっと知りたい！　アルコールランプの点検

■アルコールランプの点検は必ず授業中に行う

アルコールランプは引火しやすいアルコールを用いるため、とくに事故がたくさん発生している実験器具です。そのため、**実験で使用する直前**に点検をしてから、使用します。

ラミネート（パウチ）加工した右のような「アルコールランプの点検表」をアルコールランプのそばに置き、いつでも見られるようにしておくと、安全指導に役立ちます。点検して違うところがあったら、使わずに先生に必ず知らせるよう、子どもたちに習慣づけましょう。

☆アルコールランプの点検表☆

- ☑ ❶アルコールは８分目まで入っていますか？
- ☑ ❷ランプの炎口は割れていませんか？
- ☑ ❸炎口は軽く抜けますか？
- ☑ ❹芯は５mmくらい出ていますか？
- ☑ ❺容器の中の芯は底に十分ついていますか？
- ☑ ❻ふたと容器は合っていますか？

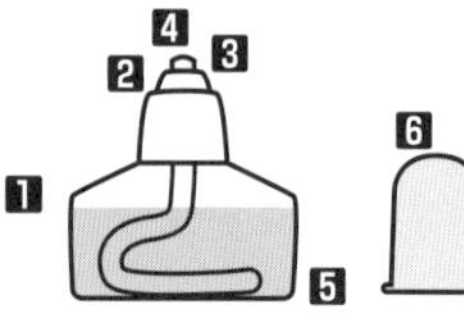

アルコールランプの点検 もっと知りたい！

1 アルコールは８分目まで入っていますか？

アルコールランプは使用前に、アルコールを容器の８分目まで必ず入れておきます。アルコールの量が少ないと、点火時に容器内部の混合気体に引火して爆発的に燃焼し、芯が飛び出すことがあります。このように、アルコールは気体の状態で空気（酸素）と混じり合うと爆発的に燃焼します。しかし、アルコールが８分目まで入っていると、アルコールは液体から絶えず気化しているため、炎口下部の気体はほぼ100%がアルコールの気体となるので、炎が入っても爆発的な燃焼はしません。アルコールランプのアルコールは使っているうちに減るので、半分以下になったら実験中でも火を消して、アルコールを補充します。上記のように、アルコールは絶えず気化しているため、液量の確認は授業中の実験直前に行うのがよいでしょう。

2 ランプの炎口は割れていませんか？

ガラス製のアルコールランプは長く使用すると、炎口が欠けることがあります。欠けると容器内部の気体に引火することがあるので危険です。炎口部を確認し、欠けているものは取り替えましょう。また、炎口部だけでなく、破損箇所があると、そこからアルコールの気体に引火しやすくなります。引火と同時に容器が熱くなるので壊れてしまう場合もあるので注意が必要です。

3 炎口は軽く抜けますか？

1でも触れたように、アルコールランプに点火したとき、容器の中の混合気体に引火して爆発的に燃焼しても容器が破裂しないように、炎口と芯が飛び出すようにしてあるのです。点検するときは、炎口を手で上に引き上げてみて、軽く抜ける状態になっているか確かめます。万が一、爆発的な燃焼をしたときは、芯全体が燃えている状態です。あわてずにぬれ雑巾などで処置しましょう。

4 芯は５mmくらい出ていますか？

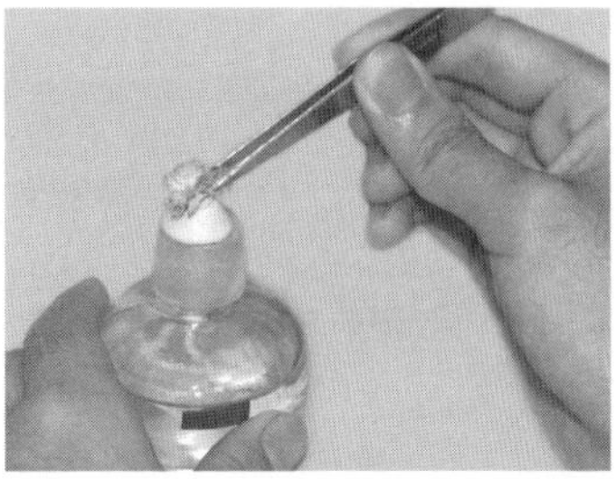

芯は、長いとアルコールの蒸発量が増えて大きな炎になり、短いとアルコールの蒸発量が減り点火しにくく小さな炎になります。ピンセットを利用して、炎口から５mmぐらいの長さにして安定した燃え方ができるようにしましょう。使用しているうちに、芯はわずかに燃焼して短くなるので、ときどき確認してください。

5 容器の中の芯は底に十分ついていますか？

容器の中の芯が短すぎるとアルコールを吸い上げることができません。逆に、長すぎると芯管が浮き上がってしまい、そのすき間から引火して爆発する危険があります。芯は容器の底に一巻きするぐらいの長さが適切です。

6 ふたと容器は合っていますか？

ガラス製アルコールランプは、アルコールが蒸発しないように、ふたと容器が１つ１つすり合わせになっています。アルコールランプＡのふたは、アルコールランプＢの容器には使えません。アルコールを補充するときに、ふたの取り違えをすることがあるので、ふたと容器にそれぞれ、番号を書いておくと間違いを防げます。

※補足 燃料用アルコールについて

アルコールランプの燃料は、燃料用アルコールが一般的です。メタノール（メチルアルコール）とエタノール（エチルアルコール）の混合物です。アルコール残量を意識づけるため、メーカーによっては色素で着色しています。また、保管するときは必ず冷暗所に保管します。

エタノール100%は、飲用に転化されないように、税金が高いため高価です。

こうすれば失敗しない！

16. ぬれ雑巾を使った安全対策

▷実験をサポートする重要アイテム

火を使う理科の実験は数多くあります。火の始末や安全対策には十分に気をつけなければなりません。そんなときに、ぬれ雑巾がとても役に立ちます。ぬれ雑巾を上手に使ってみましょう。

ぬれ雑巾は火を使う実験での必須アイテム

アルコールランプやガスバーナーを使うときには、ぬれ雑巾を手もとに置いておき、いつでも使えるような状態にしておきます。

火がほかのものに引火してしまったとき、緊急の消火用としてぬれ雑巾が役に立つからです。火にぬれ雑巾をかぶせると、ぬれていることによって温度が上がらず、さらに、かぶせた雑巾が酸素を遮断するので、消火がしやすくなります。

こんな失敗…
●ノートがマッチやアルコールランプの炎で燃えてしまった。

これで解決!!
●ノートなど、燃えやすいものは机の中にしまっておくことが肝心です。でも、もし火がついたら、あわてずにぬれ雑巾をかぶせて消火しましょう。

ぬれ雑巾で安全対策！ぬれ雑巾のこんな使い方

ぬれ雑巾を使っていればノートに焦げあとをつけずにすんだという失敗例

ガスバーナーに点火しようとして、マッチが記録用のノートに落ちたことがあります。別のノートでたたいて消そうとしたら、焦げあとがついてしまいました。ぬれ雑巾をかぶせていれば、それほどあとがつかなかったと思います。ぬれ雑巾を使っていれば、すばやく消火できたからです。

熱で熱くなっている実験器具の後始末に使う

触るとやけどをしてしまうほど熱くなっている三脚や金網を片づけるときに、ぬれ雑巾で包むと安全に持って運ぶことができます。これは、ぬれ雑巾によって三脚や金網が冷やされるからです。ぬれ雑巾の特長を生かした使い方です。

汚れをふきとる

ぬれ雑巾を使って、実験台や椅子などについた汚れをふきとりましょう。そのときに注意しなければならないのが、雑巾に薬品などが残留してしまうことです。皮膚に影響を与えることもあるので、汚れをふきとった雑巾は、きれいに洗うことが肝心です。

tips

ぬれ雑巾と一緒に用意しておきたい防火アイテム

ぬれ雑巾とともに用意しておくと便利なのが、防火砂です。試験管などの容器内で化学反応が進み高温になると、反応中に容器が割れることがあります。このような恐れのある実験では、砂皿を敷いておくと、被害が広がらずにすみます。机にアルコールがもれて燃えあがったときは、砂をかけて消すこともできます。

また、消火器の位置も、赤い器具札でしっかり明示しておきましょう。

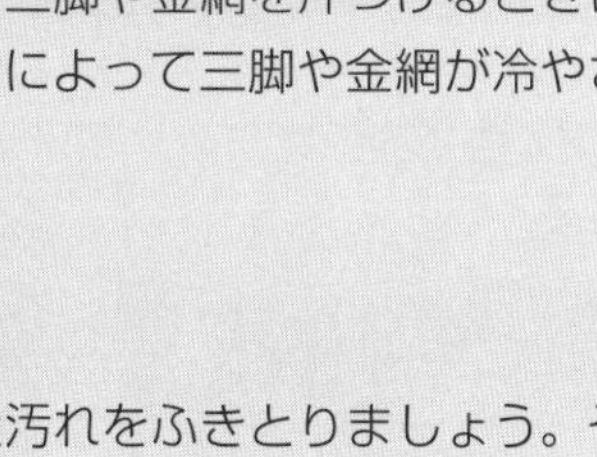
防火砂を用意しておく

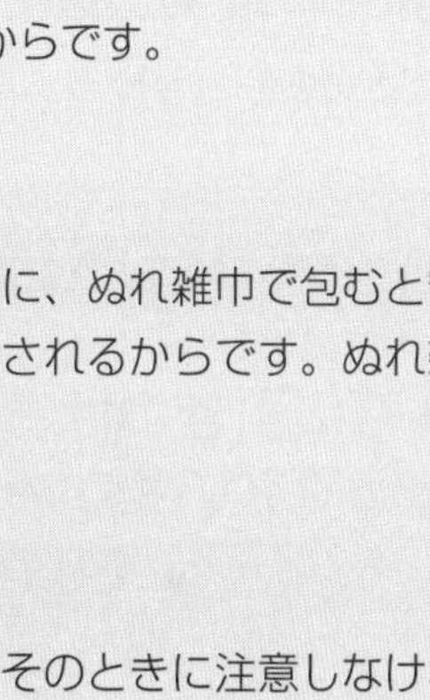

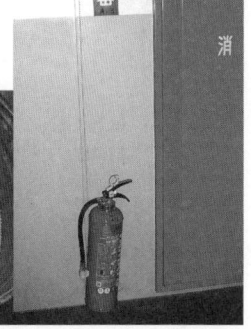

消火器の位置を明示する

こうすれば失敗しない！

17. 磁石の正しい保管法

▶学習指導要領 3年「磁石の性質」

磁石の性質を知る実験では、磁石に引きつけられる物とそうでない物があること、磁石についたものはそれ自体が磁石になることを学びます。また、磁石の異極どうしは引きあい、同極どうしは退けあうことを学びます。

磁石にはこんな性質がある

磁石に引きつけられる物とそうでない物がある

磁石についたものはそれ自体が磁石になる

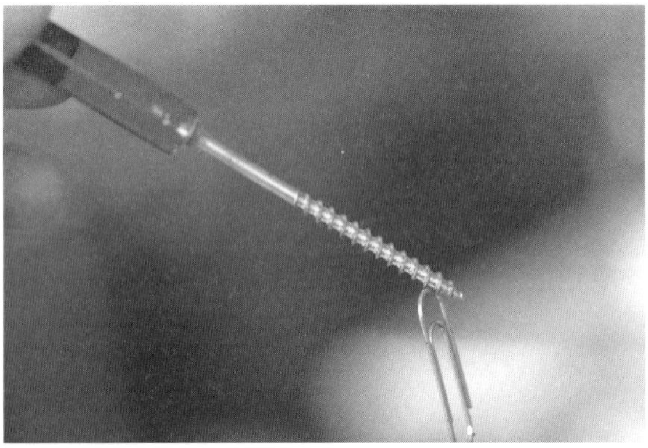

磁石の異極どうしは引きあい同極どうしは退けあう

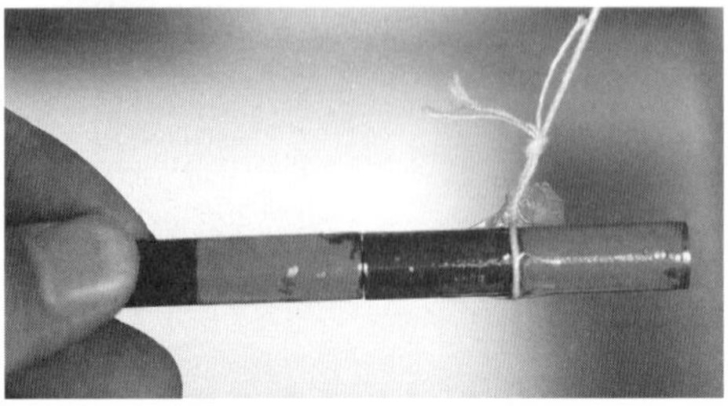

左の写真：磁石の異極どうしが引きあう様子。
右の写真：磁石を重ねるように円柱状の棒に通した場面。同極どうしが退けあって、磁石は重ならずに宙に浮いた状態になっている。

こんな失敗…

● 身のまわりの物を磁石につけてみようとしたら、磁力が弱くて実験結果がはっきりしなかった。

これで解決!!

● 磁石の同極どうしが隣りあう向きに並べておくと、磁力が弱くなります。磁化用コイルで着磁し直せば強くなりますが、磁石には正しい保管のしかたがあります。

磁石の正しい保管法を知ろう！

磁石は、扱い方によって使いものにならなくなります。
正しい取り扱い方を知って保管することがたいせつです。

用意するもの

磁石、保磁鉄片、保管ケースなど。

磁石の間違った扱い方

・磁石に磁力保護のための保磁鉄片をつけないで保管した。
・磁石の同極どうしが隣りあう向きに、磁石を長期間置いておいた。
・磁石を落としたり、たたいたりして、強い衝撃を与えた。
・磁石を加熱した。
・アルニコ磁石と炭素鋼磁石を近づけたら、同じ極どうしなのにくっついてしまった。

磁石の正しい保管法

磁石に保磁鉄片が付属しているものは、保磁鉄片をつけて保管します。

磁石の極が引きあう（異極どうしが隣りあう）向きに並べて保管します。

tips

「着磁」について

磁石の磁力が弱くなったときは、外部からの強力な磁石の作用で磁力を強めることができます（「科学のメガネ」71ページを参照）。このように、磁界の中に磁石となる素材を入れて永久磁石を作ることを「着磁」といいます。

磁界とは、磁石のまわりにできる磁気を伴った空間のことです。強力な磁石のまわりには強い磁界ができるので、磁力が弱くなった磁石や極が正しい方位を示さなくなってしまった磁石を直すことができるのです。

科学のメガネ

磁石にはなぜ、正しい保管が必要なのだろう

磁石とはどのようなもの？

Ｎ極とＳ極の磁場を発生させる物体を**磁石**といいます。磁石どうしには、同極は退けあい、異極は引きあうという性質があり、この力を**磁力**といいます。

磁石は鉄などと引きあいます。それは、磁石が相手の鉄を**磁化**(磁石にすること)して、磁化された鉄(磁石になっている)と磁石が互いに引きあうからです。つまり、鉄が磁石と引きあうのは、磁石が鉄を磁化するからなのです。

地球は、北極がＳ極、南極がＮ極という、磁石の性質をもっています。地球一大きな磁石は、地球そのものなのです。地球上で磁石を使うと、磁石のＮ極が北極に引かれるので、磁石によって方位を知ることができるのです（72ページ「18.方位磁針のメンテナンス」を参照）。

磁石には、永久磁石と電磁石（電磁石については、下巻46ページ「12. モーターを作る」を参照）があります。永久磁石には、炭素鋼磁石、アルニコ磁石、フェライト磁石、ゴム磁石、ネオジム磁石などがあります。

正しい保管と取り扱い方

1. 引きあう向きに置いて保管する
・保磁鉄片を使う

学校でよく使われる炭素鋼磁石などを保管する場合は、異極どうしを並べて保磁鉄片をつけておくようにします。そうすれば磁力が弱くなったり、なくなったりするのを防げます。U字型磁石の場合でも同様で、保管時には磁石には保磁鉄片をつけて保管しなければなりません。

保磁鉄片は、磁石によって磁化されても磁力の残らない軟鉄で作られています。磁石のＮ極によって保磁鉄片がＳ極に磁化されると、そのＳ極は元の磁石をＮ極に磁化するので、弱くならないのです。

ただし、フェライト磁石どうしをくっつけると互いに磁化しあうので、保管するときに保磁鉄片を使う必要はありません。

2. 落とさない・たたかない

磁石は内部の小さな磁石（分子磁石といいます）のＳ極、Ｎ極の向きが一定方向にそろって存在しているときに、磁力が強くはたらきます。しかし、磁石に衝撃を加えると、分子磁石の向きがばらばらな状態になり、磁力が弱くなってしまいます。磁石は衝撃に弱いのです。

フェライト磁石は、酸化鉄などを焼き固めて作ります。針金やクリップのような金属ではなく、焼き物に近い性質なので衝撃に弱くて割れやすく、電気も通しません。

ネオジム磁石は鉄・ネオジム・ホウ素でできていて非常に磁力が強いのですが、衝撃を加えるとこわれやすいという性質があります。２つのネオジム磁石が引きあってぶつかり、割れてしまうこともあります。引きあう磁石の間に指を挟んでけがをすることもあるので、取り扱いには注意が必要です。なお、表面が光っているのは、錆び防止のニッケルでメッキされているからです。

3. 加熱しない

磁石を加熱すると分子・原子レベルで運動

が激しくなります。すると、分子磁石の向きがばらばらになるため磁力が弱まるか、またはなくなってしまいます。とくに炭素鋼磁石にその影響が見られます。

磁力の弱い磁石は強力磁石に磁化される

方位磁針や炭素鋼磁石などの磁力の弱い磁石は、磁力の強力なアルニコ磁石などに近づけると極が正しい方位を示さない場合があります。それは、アルニコ磁石の磁力が大きいので、炭素鋼磁石を磁化して、Ｓ極とＮ極の方向を反転させてしまうからです（図１）。極が正しい方位を示さない磁石を直すには、磁化用コイルを使い、磁化して極を反転し直します。

なぜ磁石の引きあい、退けあう力が弱くなるのだろう？

物体にはもともと小さな磁石（分子磁石）があるのですが、それがばらばらな場合は、磁石どうしが打ち消しあって磁力が現れません（図２）。

しかし、それらの向きを一定方向に向けるように強い磁石で変える（これが磁化です）と、磁力が現れます。それを示したのが図３です。図３から、磁石を細かく切断しても磁石の性質は失われずに、小さな磁石になるということも説明できます。

このように磁石は、強い磁力を与えられると分子磁石の向きがそろって磁石になり、反対に強い衝撃を与えられたり、加熱されたりすると、分子磁石の向きはばらばらになって、磁力を失ったり、弱くなったりするのです。

ちなみに、永久磁石は、図３のように分子磁石の向きがそろったまま保持されている磁石のことをいいます。また、鉄の針金や針などを磁石でこすると、針金や針が磁石の性質を示すのは、小さな分子磁石の向きがそろって磁石になるからです。

磁石とは、分子磁石の向きをそろえ、簡単にばらばらになりにくい性質をもたせたものといえます。

図1　磁石の内部（概念図） ※アルニコ磁石のN極に炭素鋼磁石のN極を近づけてしまった場合。

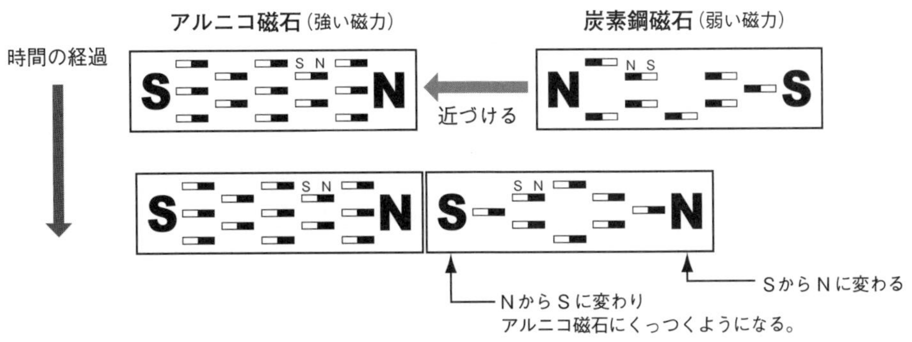

図2　分子磁石のモデル図

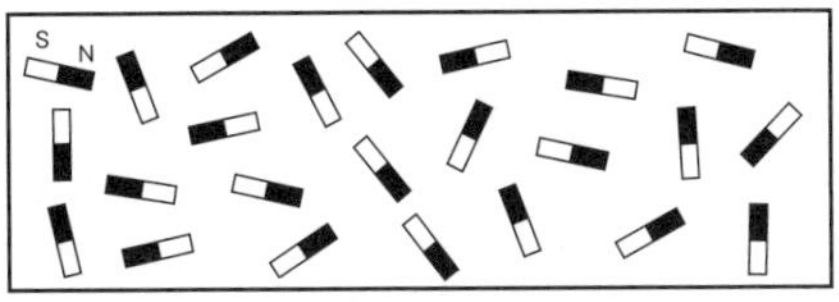

小さな磁石（分子磁石）が打ち消し合っている

図3　永久磁石

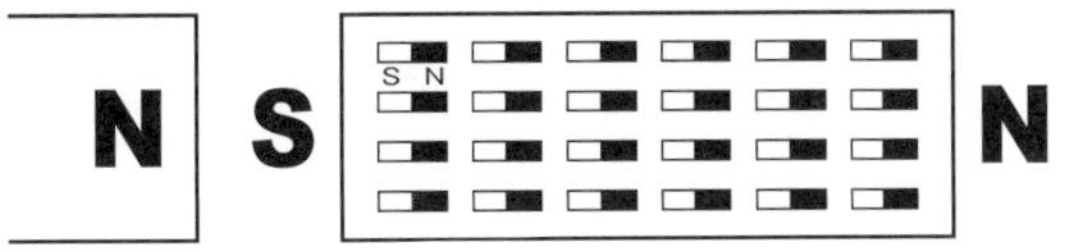

こうすれば失敗しない！

18. 方位磁針のメンテナンス

▷実験をサポートする重要アイテム

理科の授業では、方位を調べて太陽や月や星を観察するときに方位磁針が使われます。でもそのときに、方位磁針が正しい方位を示さなければ意味がありません。

方位磁針が正しい方位を示すかどうか調べる

方位磁針のN極は、みな北を示していますが、まれに正しい向きを示さない方位磁針があります。

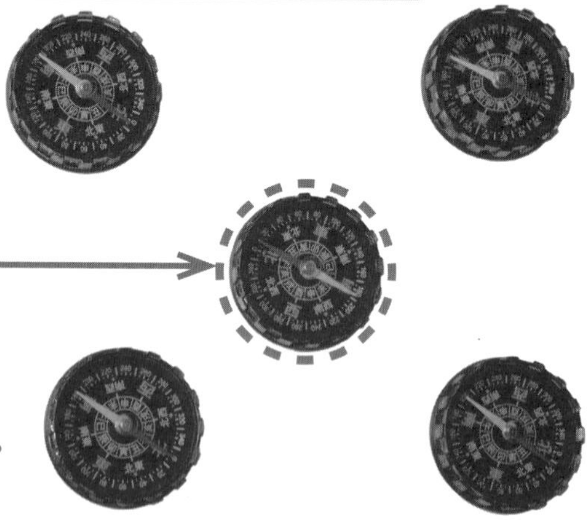

北と南が逆を向いている方位磁針があります。

➡正しい向きを示さない方位磁針は**修理**してみましょう。

➡新しい方位磁針と**交換**してみましょう。

違った向きを示している方位磁針があります。

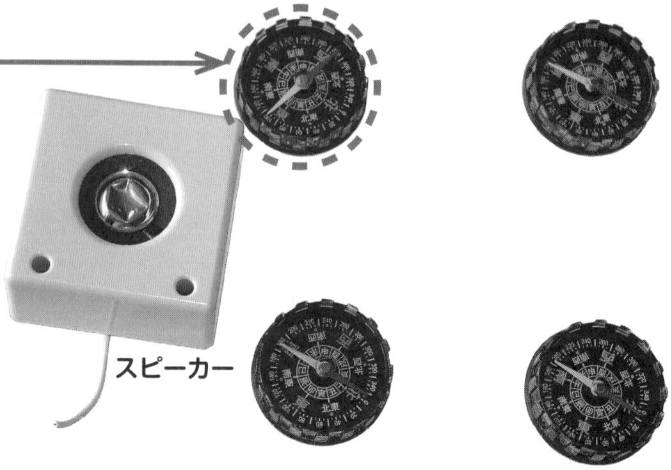

➡近くに**スピーカー**や**ラジオ**、**テレビ**、**マグネット**などがないか調べましょう。

周辺に強い磁石があって、そちらを向いている可能性があります。強い磁石を見つけて遠ざければ、違った向きを示していた方位磁針もN極が北を示すようになります。それでもダメな場合は、方位磁針を磁石に反応する**鉄製品が近くにない場所**に置きます。

こんな失敗…
●方位磁針のN極とS極が逆を向いているが、どのようにして直したらよいのかわからない。

これで解決!!
●強い磁石を使って、極を正しい方位に向け直すことができます。

方位磁針を修理してみよう!

正しい向きを示していない方位磁針は、
強い磁石を使って着磁します。

用意するもの
方位磁針、強い磁石など。

1 正しい向きを示していない

2 磁石を近づけて修理する

①方位磁針の横から、強い磁石の極を近づけます（極は、どちらの極でもよい）。
②方位磁針の上をこするように磁石を中央まで移動させます。
③磁石を方位磁針の反対側まで滑らせたあと、横からゆっくり遠ざけます。

3 正しい向きを示す

①

②

③

※詳細は74ページの「科学のメガネ　方位磁針の原理」を参照してください。

科学のメガネ

方位磁針の原理

方位磁針はなぜ南北を向くのだろう

「方位磁針が南北を向く」ことには３つの物理現象がかかわっています。

１つ目、**磁石の性質に関する物理現象**です。自然界には鉄などを引きつける性質をもつものがあり、これを磁石と呼んでいます。とくに電流が流れるときだけ鉄などを引きつけるものは、電磁石と呼ばれています。磁石や電磁石にはとくに引きつける力が強いところがあり、それらは極と呼ばれています。極は２つあり、それぞれＮ極、Ｓ極と呼ばれます。磁石の２つの極には同極は退けあい、異極は引きあうという性質があります。つまり、Ｎ極とＮ極、Ｓ極とＳ極は退けあい、Ｎ極とＳ極は引きあいます。

２つ目、方位磁針は**針のように細い磁石**です。細長い磁石の片方をＮ極、もう一方をＳ極に着磁してあります。そうしておいて、細長い磁石の中央に凹みを作り、その凹みを尖った物で支え、自由に回転できるようにしてあります。

回転の摩擦を嫌って、液体に浮かせるようにしたものもあります。摩擦が少ない方位磁針は方位のわずかのずれにも反応するので小刻みにぶるぶる震えています。震えていると読みにくくなるので一長一短です。

目立つようにＮ極に色をつけたり、全体を矢印にしている方位磁針もあります。

３つ目、**地球は大きな磁石**です。そのメカニズムはまだ完全には解明されていませんが、現在、北極近くはＳ極、南極近くはＮ極になっています。赤道あたりは水平で、極に近づくにつれて鉛直に傾いています。

北極のＳ極に方位磁針のＮ極が引かれ北を向きます。方位磁針のＳ極は北極のＳ極と退けあい、南を向きます。また、南極のＮ極に方位磁針のＳ極が引かれ、方位磁針のＮ極は南極にあるＮ極と退けあいます。ですから、方位磁針のＮ極は北を向き、Ｓ極は南を向くようにはたらきます。その結果、方位磁針は南北を向くのです。ただし、地球を磁石と考えたときのＮ極・Ｓ極と地理上の北極・南極は一致せず、わずかですが、ずれがあります。

正しい方位を示さない方位磁針の直し方

方位磁針も68ページ「17.磁石の正しい保管法」に書かれているように、永久磁石と同じ

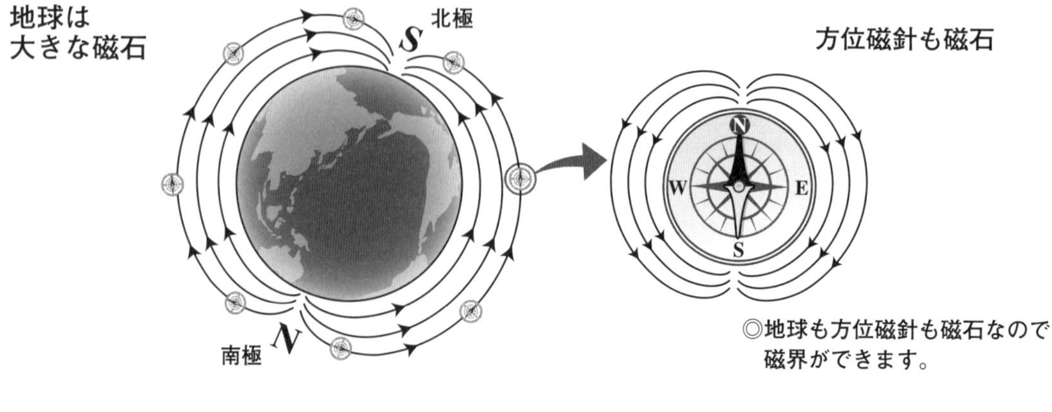

◎地球も方位磁針も磁石なので
磁界ができます。

方法で着磁させることができます。正しい方位磁針はN極が北を示し、S極が南を示しています。時折、N極だったほうが南を示し、S極だったほうが北を示している方位磁針を見かけます。これはN極とS極が逆になってしまった方位磁針です。どのようにして正しい方位を示すように直せばよいでしょうか。

まず、N極とS極が入れ替わってしまった原因を考えてみましょう。強い磁石と一緒に保管したり、さほど強い磁石でなくても多くの磁石と一緒に保管しておくと入れ替わることがあります。電磁石の実験や電流が作る磁界の観察実験では、入れ替わる場合が多くあります。

スイッチを入れて電流が流れた瞬間に磁界ができるのですが、このとき作られる磁界は、地球の磁界に比べてはるかに強力です。そのため、方位磁針は通常示している南北の方向からそれて、電磁石や電流の作る磁界の方向に回転します。

電流の作る磁界（下巻46ページ「12.モーターを作る」の「科学のメガネ」と「もっと知りたい！」を参照）の方向が地球の磁界と同じ方向だったときは、回転することができません。同じ向きの場合は何ごとも起きないのですが、逆向きだった場合、回転できなかった方位磁針がそのままの位置で、逆向きの強い磁界に着磁されて、N極とS極が反転してしまうのです。

原因がわかれば対策も可能です。同じことを繰り返せば、偶然、もう一度逆向きに着磁させることが期待できます。逆向きの逆向きで正常な方位磁針になります。ですが、これは偶然頼みのため、確実に反転させることができるわけではありません。

確実に反転させるには、73ページの「方位磁針を修理してみよう！」のようにします。より簡単で確実な方法です。この方法は、次のように考えると理解できます。

強い磁石のN極を方位磁針の間違っているN極（本来ならS極になっている極）に接触させて着磁させます。通常N極とN極は退けあうのですが、正しい方位を示さない方位磁針は、みかけのうえでは同極でくっついています。方位磁針はたいへんよく回転するので、いつまでも同極でついてきます。そこで、強い磁石を方位磁針の回転軸の中心を通します。正しい方位を示さない方位磁針を回転させないようにして、そのまま、反対側まで滑らせます。そうすると、方位磁針は反転して着磁します。

これは小学校で習う実験の応用です。鉄釘を磁石につなげる実験を思い出してください。釘を磁石につけると釘は磁石につながります。つないだ1個目の釘に2個目の釘をつけると2個目の釘もつながります。1個目の釘が磁石になったからです。2個目の釘に3個目の釘をつけると3個目の釘もつながります。2個目の釘が磁石になったからです。このようにしていくつかつなげることができます。

しかし、無限につながるわけではありません。1個目より2個目、2個目より3個目では磁石の力が弱くなっていくからです。方位磁針は1個目の釘に相当します。釘は弱い磁石になります。

釘磁石の極は強い磁石のつける極によってN極になるか、S極になるか決まります。強い磁石のN極をつけると、釘磁石はつけられたほうがS極になります。方位磁針の場合、強い磁石を方位磁針の極に近づけ、方位磁針の回転軸の中心を通して反対側まで滑らしてゆっくり離すと、正しい方位磁針になるわけです。

こうすれば失敗しない！

19. 電池（乾電池）を使う

―豆電球にあかりをつける―

▶学習指導要領 3年「電気の通り道」 4年「電気の働き」 5年「電流の働き」 6年「電気の利用」

乾電池に豆電球をつないであかりをつけるときに、乾電池や豆電球の数、つなぎ方によってあかりのつき方が違うことを学習します。

乾電池と豆電球で作る簡単な回路

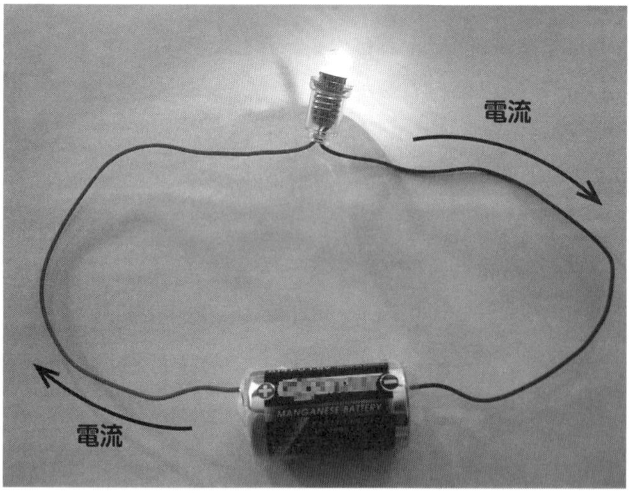

＋極
（プラス極）

－極
（マイナス極）

●電気の流れを電流といいます。

●電流が流れるひとつながりの道を回路といいます。

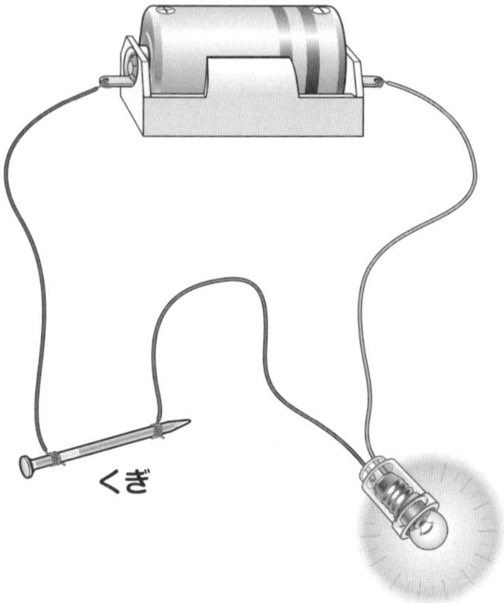

◆ 回路に鉄くぎのような電気を通す金属を入れても、豆電球にあかりがつきます。

こんな失敗…

- 理科室の棚に置いてあった乾電池をつないだが、豆電球がつかなかった。
- 乾電池の数を増やして直列につないでも、思ったほど豆電球が明るくない。

これで解決!!

- 乾電池が古いと豆電球にあかりがつかないことがあります。新しい乾電池を使いましょう。
- 乾電池の数と豆電球の明るさが正比例するとは限りません。乾電池の構造を知ると理由も理解できます。

豆電球の明るさを確かめよう！

乾電池の数やつなぎ方で豆電球の明るさは、どう変化するでしょうか。

用意するもの

乾電池（単１）２個、豆電球１個、豆電球ソケット、リード線など。

〔準備〕

乾電池１個に豆電球１個をつなぐ

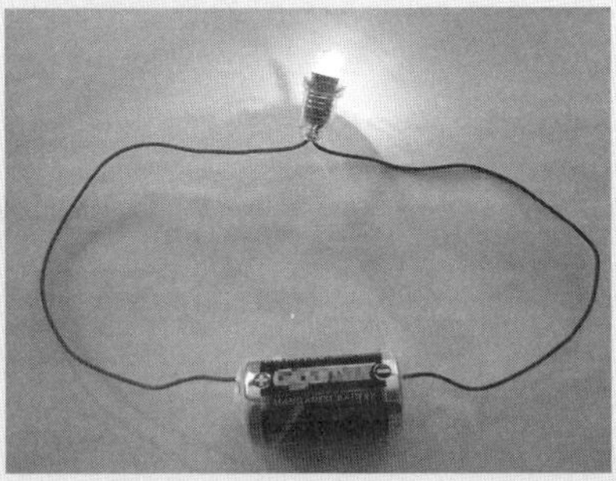

このときの豆電球の明るさを確認しておきます。

1 乾電池２個を直列につなぐ

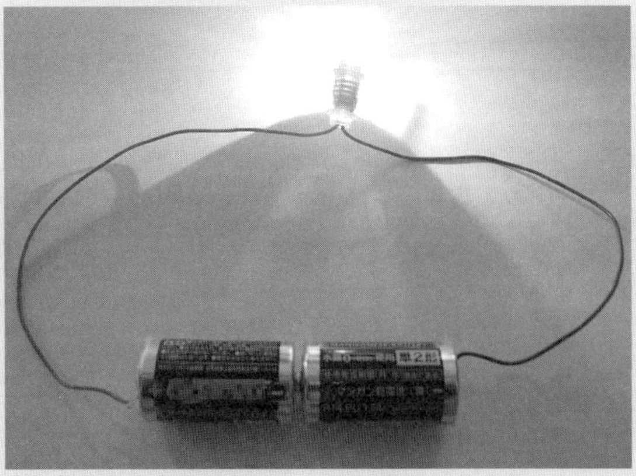

乾電池１個のときよりも、豆電球は明るくつく。

回路図

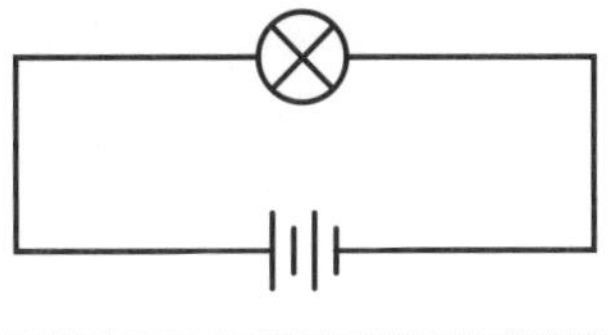

2 乾電池２個を並列につなぐ

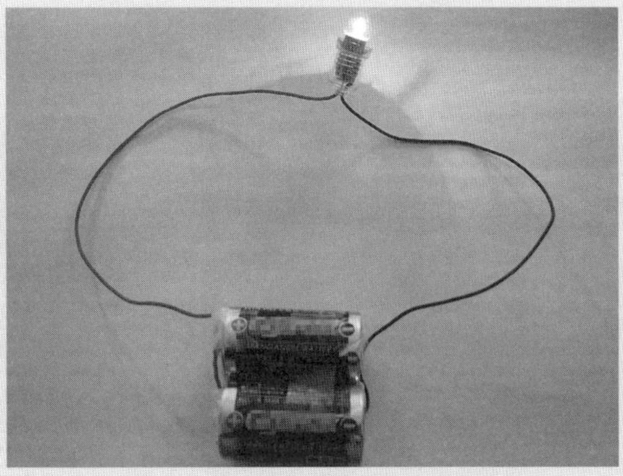

乾電池１個のときと同じ明るさで豆電球がつく。

回路図

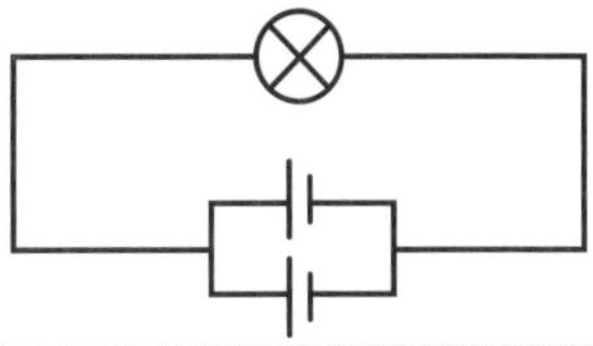

科学のメガネ　分子レベルで考える電池のしくみ

電池が電気を生み出すしくみ

乾電池１個に豆電球を２つ並列につなぐと、豆電球を１つだけつないだときよりも少し暗くなりました。乾電池の電圧は1.5Vで、同じ豆電球をつないだのだから、豆電球１つのときと同じ明るさになるはずです。どうしてなんでしょう。

ちょっと古い電池がありました。テスターで電圧をはかったら1.5Vあったので、まだ使えると思いました。でも豆電球をつないでみたら、薄暗くしか光りませんでした。どうしてなんでしょう。

理科の得意な先生に聞いてみたところ、「それは電池には内部抵抗があるからですよ」と説明してくれました（79ページ「もっと知りたい！」を参照）。

乾電池は「化学電池」の１つです。乾電池の中で物質が化学反応することによって電気を生み出しています。電池の＋極には電子を受け取ることができる物質が存在していますし、－極には電子を放出することができる物質が存在しています。それらの物質が化学反応によって、電子を受け取ったり放出したりしているのです。たとえば、よく使われているマンガン乾電池では、図１のような構造と原理で電気を生み出しています。

電池に豆電球を接続すると、化学反応が起こり、電気が生み出されます。この化学反応は徐々に進んでいきます。そして、反応する物質がなくなると化学反応は終了し、同時に電池の寿命がつきることになります。

図１　反応の模式図

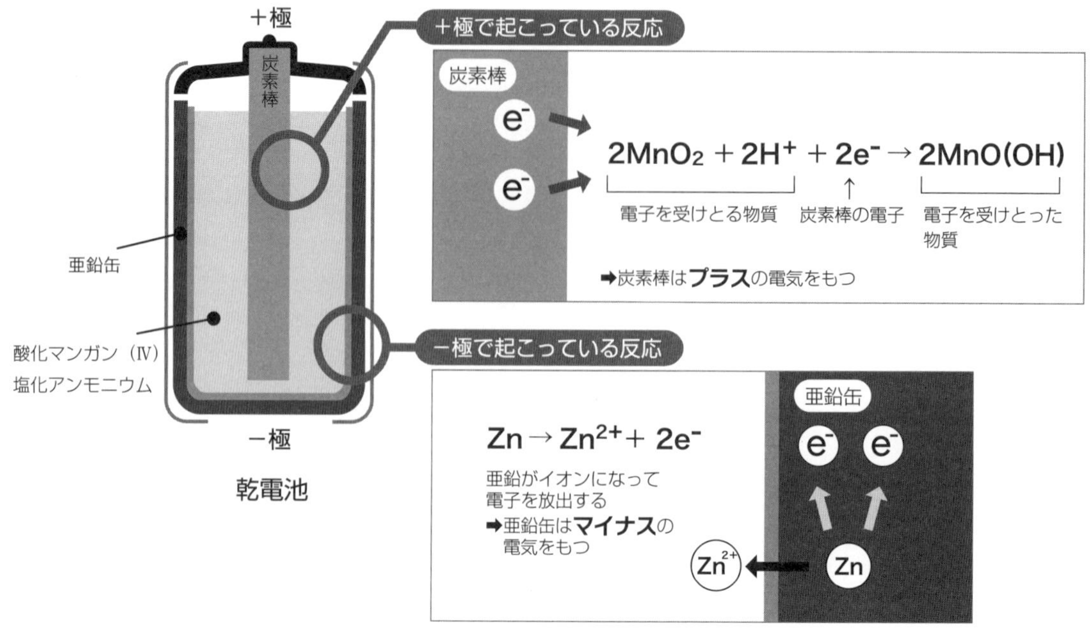

豆電球の並列つなぎで暗くなる理由

豆電球を２つ並列つなぎにすると、たくさんの電気が流れます。ところが、どんどん電気を流そうとしてもそれに化学反応が追いつかないのです。そのため、２つの豆電球は１つだけのときよりもわずかに暗くなってしまうのです。

古い電池は、化学反応できる物質の数が残り少なくなっています。だから豆電球をつないでも、豆電球を明るく光らせるだけの電気を生み出せないのです。

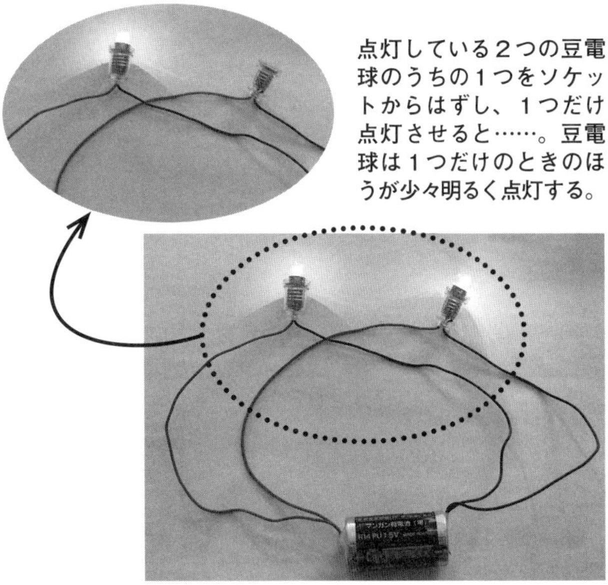

点灯している２つの豆電球のうちの１つをソケットからはずし、１つだけ点灯させると……。豆電球は１つだけのときのほうが少々明るく点灯する。

もっと知りたい！

「内部抵抗」って何？

乾電池を回路につないで電気を流そうとしても流れなくなる現象は、あたかも電池の中に抵抗が入っているようです。抵抗があれば、たくさん電流を流そうとしても抵抗が邪魔をして流れません。古くなった電池は、電池の中に大きな抵抗が入っていると考えてもいいのです。これが内部抵抗なのです。電池の中にほんとうに抵抗が入っているわけではなく、一度に化学反応できる物質の数に限りがあったり、電気を生み出せる物質の数が減って残り少なくなったりしているのです。

乾電池にもいろいろなサイズがあります。単３電池より単１電池のほうが大きいですが、大きな電池はそれだけ化学反応できる物質の数がたくさんあるということです。物質の数が多いので長い時間豆電球を光らせることができますし、一度にたくさんの電気を流せるのです。

大きな電池を使うかわりに、電池を並列つなぎにしても長い時間豆電球を光らせることができます。並列につなぐ電池の数が多いほど、電気を生み出す物質も多くなりますから、長い時間豆電球を光らせることができ、一度にたくさんの電気を流すことができるようになります。電源装置はコンセントから大量の電子をつねに取り出すことができますから、いくらでも長い時間豆電球を光らせることができますし、内部抵抗も問題にならないくらい小さくできるのです。

豆電球の並列つなぎの実験をするときには、なるべく大きなサイズの電池を使ったり、たくさんの電池を並列つなぎにしたり、電源装置を使ったりするとよいのです。こうすれば、豆電球を２つ並列つなぎにしても１つのときと同じ明るさで光ります。このとき、古い電池は使わないようにするのも実験を成功させるコツです。また、発熱の実験をするときにも、電池の内部抵抗が大きく関係し、並列につないだ電熱線のほうがたくさん発熱しないこともあります。教科書どおりの結果にならないことがよくあるようです。

こうすれば失敗しない！

20. 電球が光るしくみを知る

▶学習指導要領 3年「電気の通り道」 4年「電気の働き」 5年「電流の働き」 6年「電気の利用」

電気の実験に豆電球は欠かせません。回路に置いた豆電球が点灯すれば、回路に電流が流れていることがわかりますし、点灯した豆電球の明るさによって、電流の大小を推測することができます。豆電球を使って「電球」が光るしくみを調べます。

豆電球の中の回路

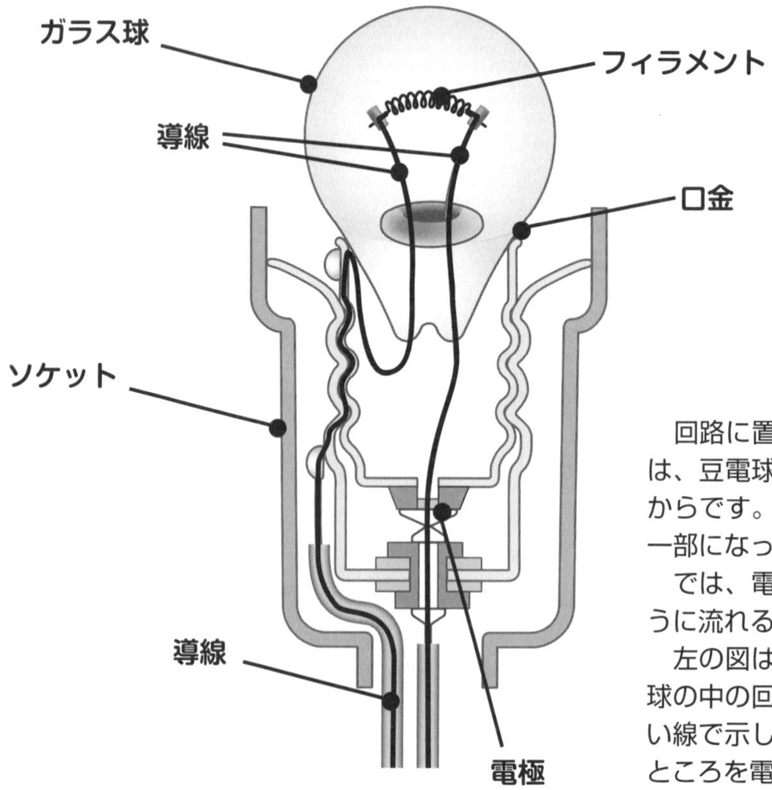

回路に置いた豆電球が点灯するのは、豆電球の中に電流が流れているからです。つまり、豆電球も回路の一部になっているということです。

では、電流は豆電球の中をどのように流れるのでしょうか。

左の図は、ソケットに入った豆電球の中の回路を示したものです。黒い線で示した導線とフィラメントのところを電流が流れます。

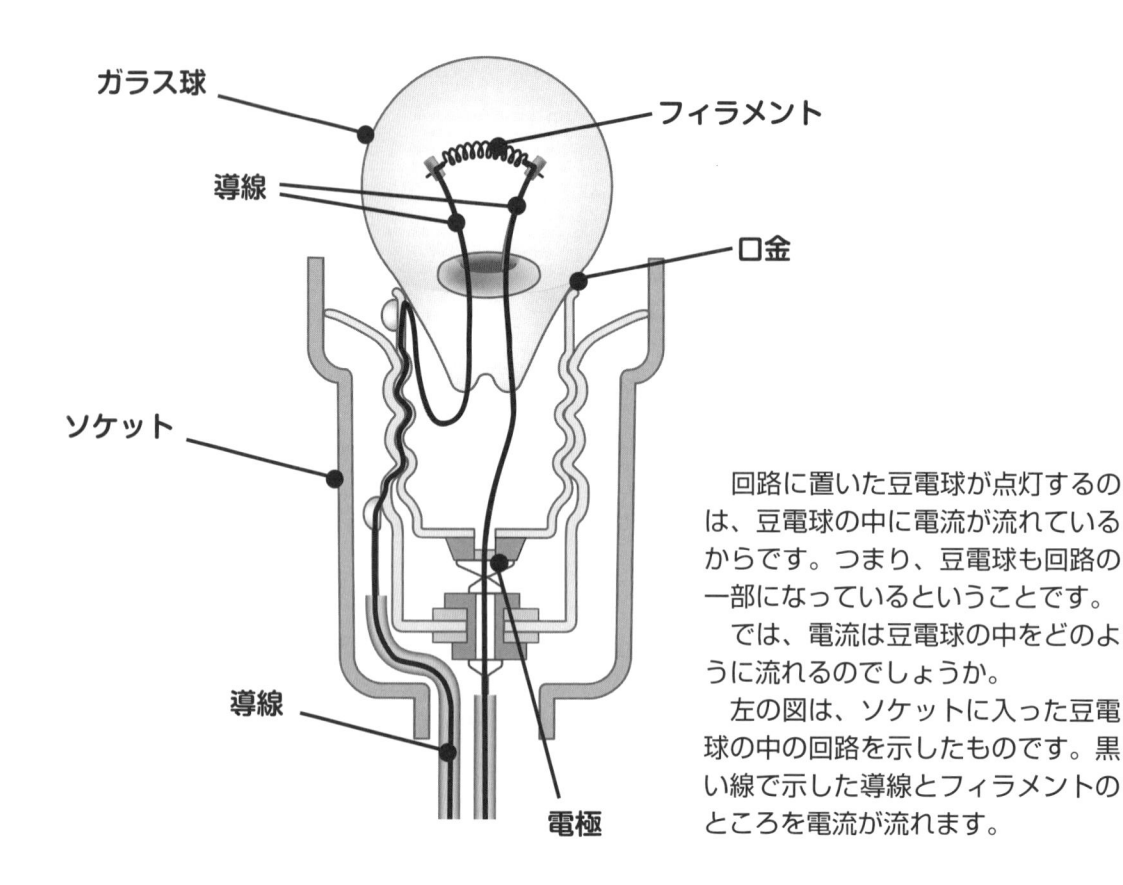

こんな失敗…

- 豆電球の内部を観察したいが、ガラス球の取り外し方がわからない。
- フィラメントがよく見えないので、子どもたちに示せない。

これで解決!!

- 口金をペンチでつぶしてからガラス球を取り外します。
- フィラメントは虫眼鏡を使って見るようにします。また、電流を流して光らせてみると、フィラメントの形がよくわかります。

豆電球を分解して観察してみよう！

用意するもの

豆電球、ペンチ、虫眼鏡など。

懐中電灯の豆電球を分解して内部を観察してみると、豆電球の構造がわかります。

1 口金をペンチでつぶす

中の接着剤を細かく割るように少しずつ力を加えてつぶします。ガラスを割らないように注意しながら2、3度はさむと、口金がはずせます。

2 ガラス球を取り外す

豆電球を分解すると「導体」と「絶縁体」を区別して確認することができます。

豆電球のフィラメントにつながる2本の導線のうち、1本は口金に、もう1本は下の電極部分につながっています。

※フィラメントや導線、口金など、電気を通す物質を「導体」、ガラスやプラスチックなど、電気を通さない物質を「絶縁体（または不導体）」といいます。虫眼鏡を使って観察してみましょう。

tips

フィラメントを観察する

フィラメントは虫眼鏡で拡大してみると、らせん状になっているのがわかります。

また、豆電球に電流を流して光らせても、フィラメントの形がわかります。

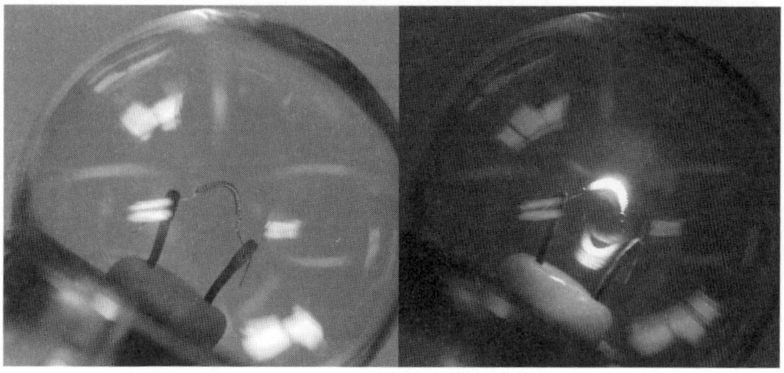

科学のメガネ

フィラメントが光る

豆電球の抵抗値をはかってみよう

豆電球のフィラメントにはタングステンが使われています。豆電球の抵抗のおもなものは、この金属タングステンです。豆電球の抵抗値を、次の手順でテスターを使ってはかってみましょう（88ページ「22. テスターを正しく使う」を参照）。

1. 発光前の豆電球の抵抗値をはかる

テスターのめもりを読むと、2.0Ωでした。電池の電圧が1.5Vとすると、「電流＝電圧÷抵抗」から、1.5（V）÷2.0（Ω）＝0.75（A）で、電流が0.75Aも流れることになります。

2. 豆電球を乾電池で発光させる

電圧は1.6V、電流は230mAでした。

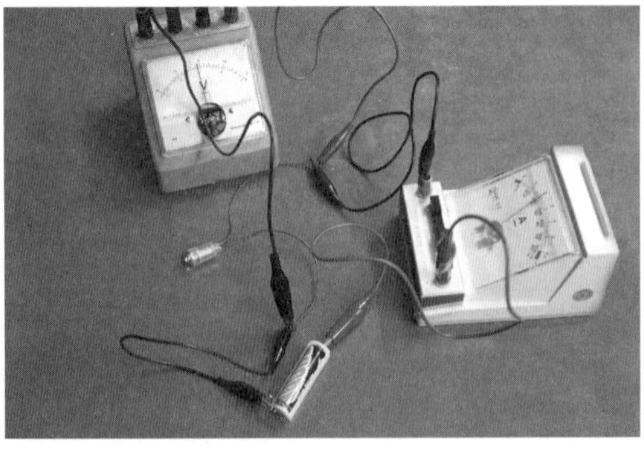

3. 発光中の抵抗値をはかる

発光しているときの電流は、とても小さいです。そのときにはかった電流と電圧から計算で求められる抵抗値は、1.6（V）÷0.23（A）＝6.9…（Ω）で、約7Ωとなります。発光前の3倍以上の抵抗値であることがわかります。

電球はどうして光るのか

豆電球の抵抗値をはかってみると、豆電球を発光させる前と発光中とでは、その値に大きな差がありました。

発光すると抵抗値が大きくなるのはどうしてでしょうか。フィラメント自体が発熱することによって、発生した熱エネルギーが原子の運動エネルギーに変換されます。すると、金属結合しているそれぞれの原子の振動がより激しくなるので、金属内を通過しようとする自由電子が、その振動に邪魔されて、より通過しにくくなるのです（下巻62ページ「16. 電流が流れると発熱する」を参照）。

そのことによって抵抗値はさらに増し、ますます発熱が進んで温度が上昇していきます。すると、その上昇していく温度に応じて、フィラメントが発光していくようになります。こうしてフィラメントの温度は、2000℃を超えるようにもなります。

これが、抵抗値の大きくなった電球が発熱し、発光するしくみです。

電球のフィラメントが燃えないように長もちさせるしくみ

発熱したフィラメントは、裸のままでは簡単に、空気中の酸素と化合して燃えてしまいます。発光を長く続けさせるためには、酸素と遮断することが必要です。そこで、フィラメントを**ガラス球**で覆い、空気を除くことにしました。

しかし、発熱による問題は、酸素との結合である燃焼だけではありません。フィラメントの素材のタングステンの融点は3407℃（平成22年版『理科年表』による）なので、2000℃では、酸素を取り除いて真空にしたガラス球の中で、タングステンは融解することはありません。しかし、常温のときとは比べものにならない激しさで、タングステンは蒸発していきます。そこで今度は、その蒸発を防ぐために、ガラス球の内部を真空にせずに**アルゴンや窒素などの不活性ガス**を封入することにしました。

不活性ガスというのは、一般的には化学的な反応をしにくい不活性な性質をもつ元素のことで、周期表の18族に希ガスとして配列されている、ヘリウム、ネオン、アルゴンなどを指します。また、窒素ガスも不活性なので、不活性ガスとして扱われています。

このように電球は、タングステンのフィラメントを長もちさせるために、ガラス球の中に入れて不活性ガスを封入するという、特別なしくみをもっているのです。

もっと知りたい！

電球を作ってみよう

【用意するもの】 フィラメント用のシャープペンシルの芯、可変変圧器、リード線、交流電流計、液体窒素、ビーカー、スタンド

図のように家庭用100V電源を用いて、少しずつ電圧を上げてみましょう。

シャープペンシルの芯は、はじめに油の白煙が出て、赤からオレンジ、白と輝いていき、やがて消えてしまいます。

もっと長く輝き続けさせるには、どうしたらよいでしょうか。液体窒素を入れたビーカーを用意します。ビーカーの中は、気体窒素が発生し続けて、窒素で満たされています。そこに、シャープペンシルの芯を入れると、窒素ガスでまわりの空気が追い出され続けるので長く輝き続けます。簡単な電球のできあがりです。

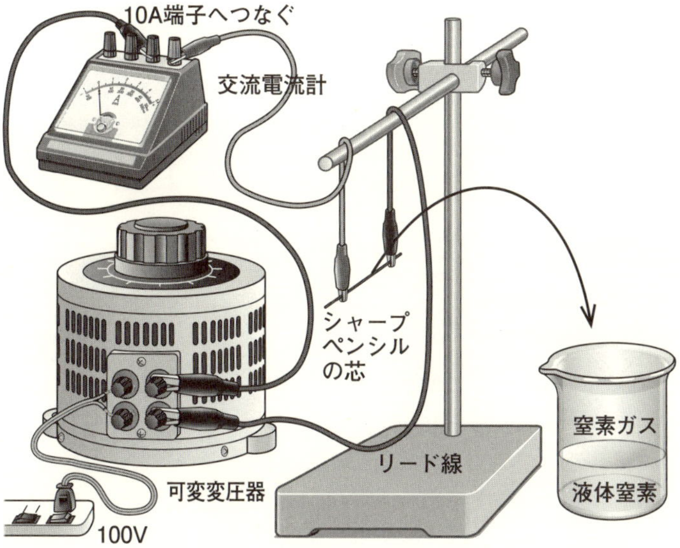

注意 温度が高くなるので、とても危険です。ぬれ雑巾などを用意し、教師実験とします。

こうすれば失敗しない！

21. 光電池を使う

―豆電球にあかりをつける／モーターを回す―

▶学習指導要領 4年「電気の働き」

光電池に豆電球やモーターをつないで光電池のはたらきを調べます。また、光電池にあてる光の強さを変えると、豆電球の明るさやモーターの回転が変わることを学習します。

これが光電池

光電池に光があたると電気が発生します。電気を蓄えるしくみをもつ乾電池との違いはそこにあります。

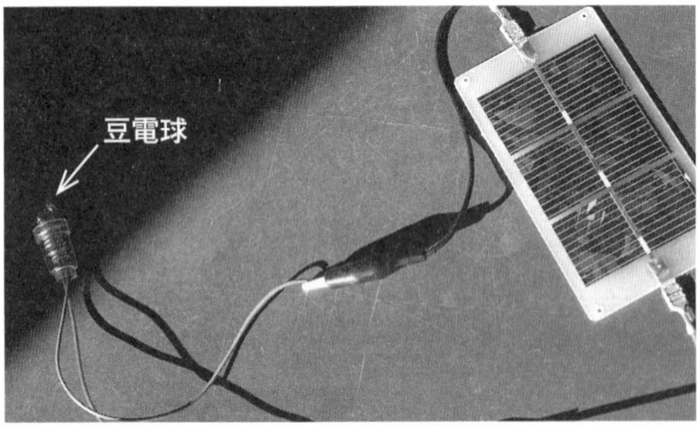

光電池の向きを日光に合わせないと、豆電球は光りません。

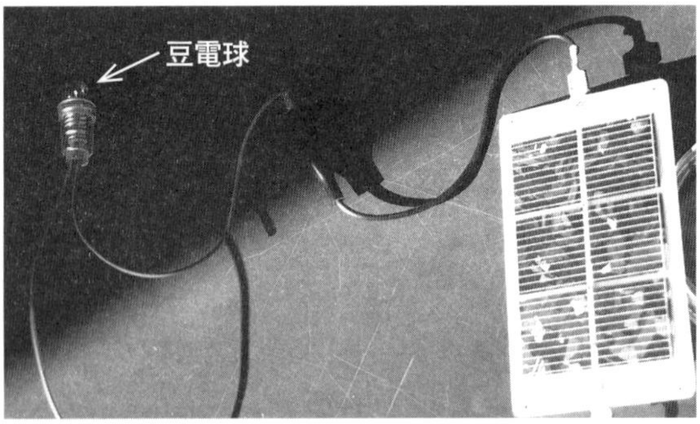

光電池の向きを日光に合わせると、電気が発生して豆電球が弱く光ります。

身近なところで使われる光電池

ガーデンライト

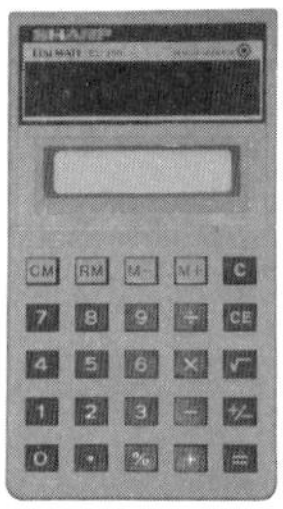

電卓

光電池は、電卓や交通標識、家庭やビルの電力など、身近なところで使われています。また、人工衛星や宇宙ステーションなどでも使われています。

こんな失敗…

- 光電池１個に豆電球を接続しても、豆電球が光らない。
- 複数個の光電池を直列につないだり、並列につないだりしても、豆電球が光らない。

これで解決!!

- 光電池が作り出す電気は光電池にあたる光の強さによって変化します。光の強さを変えてみましょう。
- 光電池の直列・並列をうまく組み合わせて、適切な電圧と電流に調節しましょう。

光電池を使ってみよう！

光電池にあてる光の強さを変えると、豆電球の明るさやモーターの回転はどう変わるでしょう。

用意するもの

光電池、光源、豆電球、モーター、プロペラ、リード線など。

光源の明るさの変化と豆電球の明るさ

1 明るくした光源

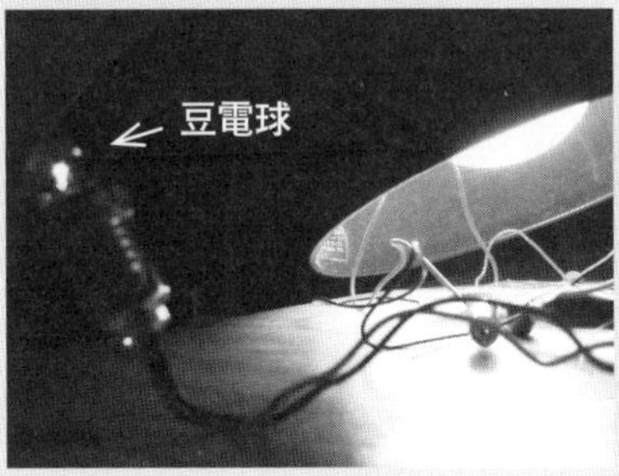

光源は明るく、豆電球も明るい。

2 少し暗くした光源

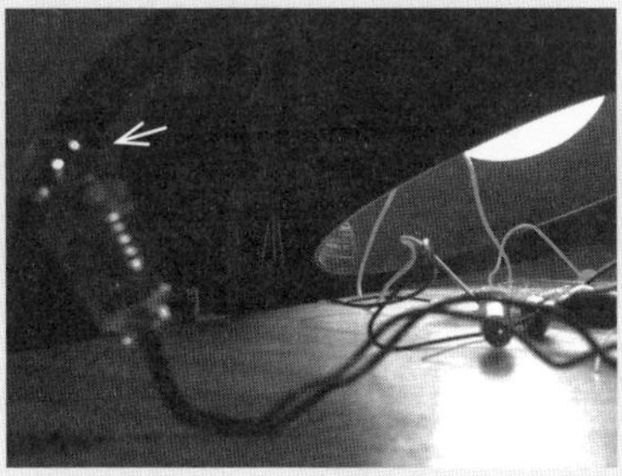

光源は少し暗く、豆電球も暗い。

3 暗くした光源

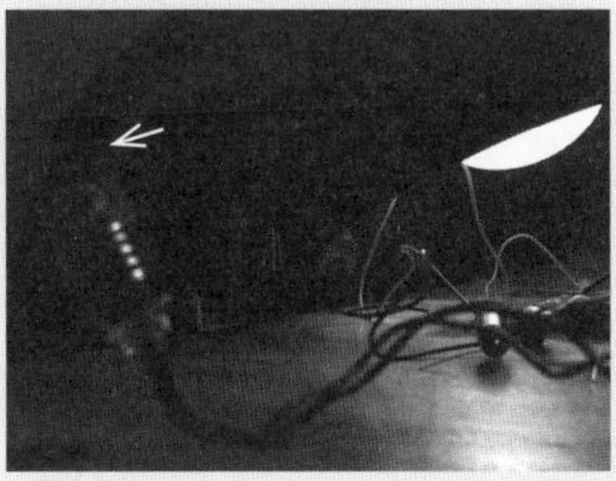

光源はさらに暗く、豆電球はほとんどついていない。

モーターが回転する速さの変化

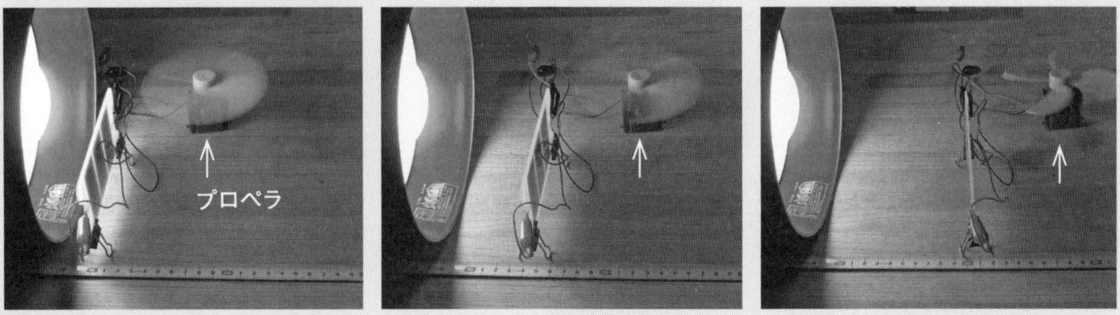

光源から遠くなるほど光電池にあたる光が弱くなるので、モーターに取りつけたプロペラの回転する速さが遅くなる。

科学のメガネ

光と電気の関係

光電池の原理

真空中に金属板を置きます。この金属板に光をあてると、表面から電子が飛び出します。この現象を「**光電効果**」といいます（図1）。この金属板のそばに別の金属板を置くと、光をあてて飛び出してきた電子を別の金属板にとらえることができます。この2枚の金属板を導線で結べば、とらえられた電子は導線を伝わって元の金属板へと戻っていきます。つまり、導線に電流を流すことができるのです。これが光電池の原理です。

金属板にあてる光の量を増やす（光を強くする）と、飛び出してくる電子の数も増え、それだけ電流も大きくなります。金属板にあたる光の量で、飛び出してくる電子の数、つまり電流の大きさが決まってしまうのです。でも、光の量を無限に増やすことはできないので、光電池が生み出す電流の大きさには限界があります。

原子の中の光と電子

同じことが真空中ではなく、原子の中でも起こります。原子は、とても小さな原子核の周りを少数の電子が回っている構造をしています。電子が回っているその空間は、真空なのです。ですから原子に光をあてれば、原子核の周りを回っている電子を飛び出させることができるはずです。

光電池はシリコンなど半導体から作られています。半導体は、金属のようによく電気を通しませんが、絶縁物のようにまったく電気を通さないわけでもありません。電気をよく通すためには、たくさんの自由電子が必要です。金属には自由電子がたくさんあり、絶縁物には自由電子がまったくありません。半導体であるシリコンの結晶を見てみると、鈍い銀色をしています。つまり、半導体にはごくわずかながらも自由電子があるということです。半導体の原子

図1　真空容器内での光電効果

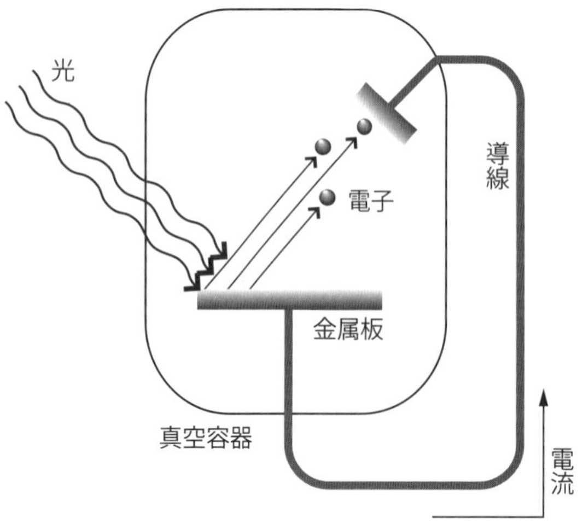

図2　半導体の原子内での光電効果

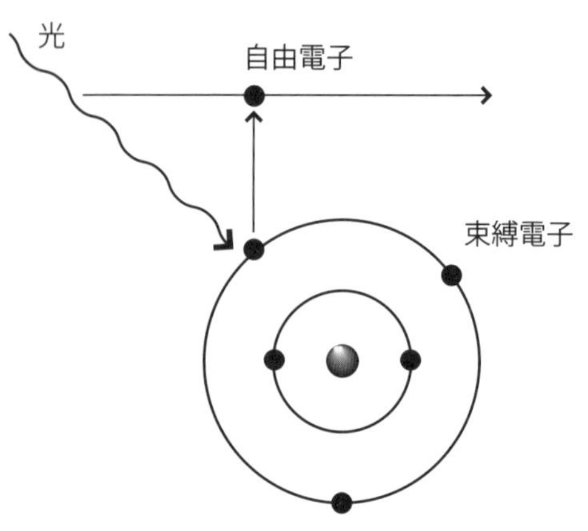

では、ほとんどの電子は原子核の周りを回っていますが、ごく少数の電子が自由電子になってあちこち動き回っているのです。

半導体にはおもしろい性質があります。原子核の周りを回っている電子に光をあてると、その電子が飛び出してきて自由電子に変わるのです（図２）。自由電子が増えればこれを電流として取り出すことができます。半導体のこの性質を利用したのが光電池なのです。だから、光電池はあてる光の量が多い（光が強い）ほど、取り出せる電流も大きくなるわけです。また、一定の光の量では取り出せる電流にも限りがあることもわかります。

もっと知りたい!

光電池の電圧と電流

光電池を直列つなぎにすると、確かに電圧は高くなります。でも電流はひとつの光電池が生み出す電子の数より増えません。豆電球を接続しても、十分光らせるだけの電流が得られないのです。また、光電池を並列つなぎにしても、豆電球の抵抗にうち勝って十分な電流を流すだけの電圧を得ることができないのです。

光電池の性能を最大限に引き出すには、あてる光の量に応じて電圧と電流を適切に調整しなければなりません。電力＝電流×電圧ですから、図３の長方形の面積が最大になる点が、もっとも効率のよい電流・電圧のポイントなのです。ですから、光電池の直列・並列つなぎをうまく組み合わせて、十分な電圧、電流が得られるようにする必要があるのです。

図３　光電池の特性

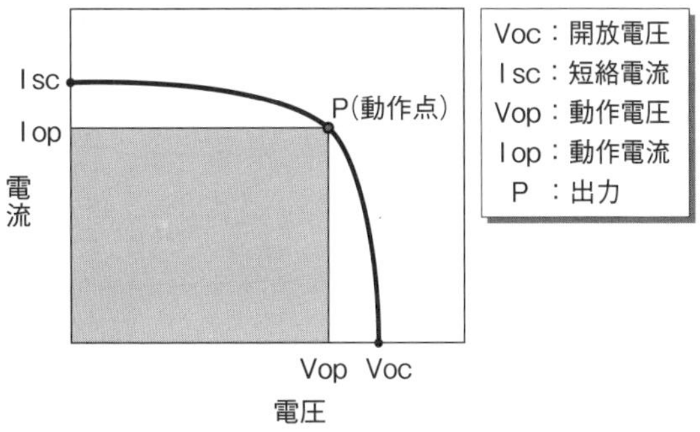

学校の屋上や家庭の屋根に取りつけられている太陽光発電設備には、必ず「パワーコンディショナー」という機器が接続されています。パワーコンディショナーによってもっとも効率よく電力を取り出せるように、電圧と電流を調整しているのです。

電圧・電流とも小さくてすむ電子オルゴールは簡単に鳴りますが、豆電球は電圧・電流ともある程度大きくしないと光りません。光電池の直列・並列つなぎをうまく組み合わせて、豆電球を光らせることにチャレンジしてみましょう。

太陽光発電設備

こうすれば失敗しない！

22. テスターを正しく使う

▷実験をサポートする重要アイテム

小学校では、３年ではじめて電気の学習をします。学習指導要領では、「Ａ 物質・エネルギー」の「(５) 電気の通り道」で、「電気を通す物と通さない物があること」を学習するときに、「ものづくりを行う」ことが示されていますが、その一例としてテスターがあげられています。

ここでは、理科の授業や実験をサポートするアイテムとして、テスターを取り上げます。

テスターの種類と機能

テスターには大きく分けてアナログとデジタルの２種類があります。下の写真はデジタルテスターです。

測定モード

この機種はスライドスイッチで切り替えます（ダイアルで切り替えるものもあります）。

交流電圧：Ｖにサインカーブ（波線）
直流電圧：Ｖに横線の下に破線の記号
直流電流：Ａに横線の下に破線の記号
抵　　抗：Ωで表されている

※表示については、下巻50ページ「13.電流計・電圧計を使い分ける」の「もっと知りたい！」を参照。

測定レンジ（範囲）

交流電圧：450Ｖまで測定
直流電圧：450Ｖまで測定
直流電流：200mAまで測定
抵　　抗：2000 kΩまで測定
導通チェック用のブザーがついています。これは「電気を通す物、通さない物」の授業に最適の機能です。

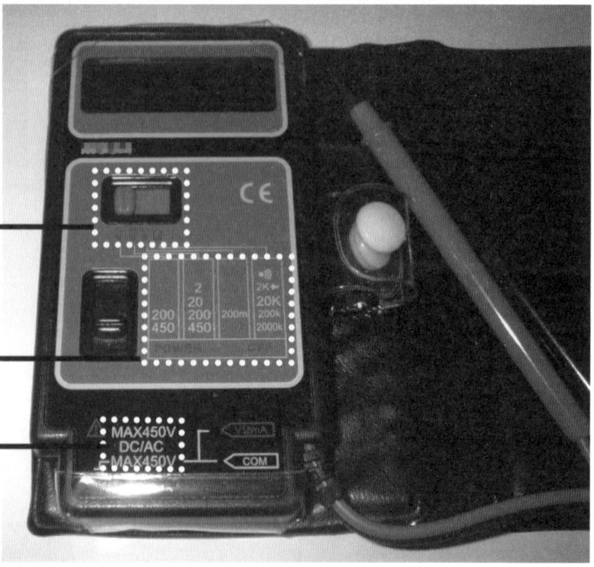

DC/AC　DCはdirect current（直流）の略、ACはalternating current（交流）の略で、測定できるそれぞれの数値が450Vまでであることを示しています。

こんな失敗…

●テスターの正しい使い方がわからない。電圧を測定したら、メーターの針が振り切れてしまった。

これで解決!!

●テスターは理科の授業で大活躍することうけあいです。でも、誤った使い方をするとこわれてしまうことがあります。正しい使い方をマスターしましょう！

デジタルテスターを使ってみよう！

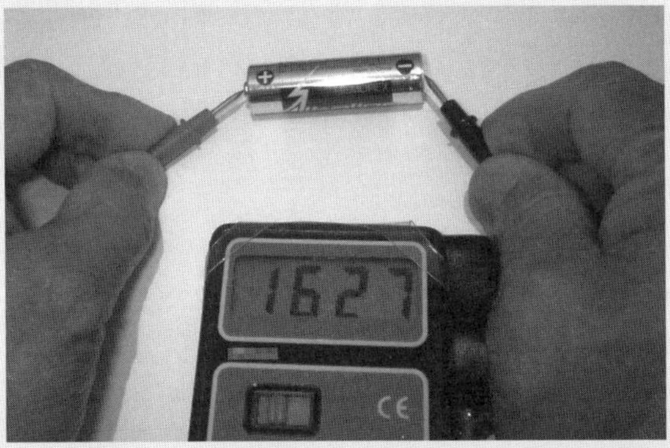

1 電池の直流電圧の測定

赤いテスター棒のリード（棒の先端の金属部分）を＋極、黒いテスター棒のリードを－極に押し当てて電圧を測定します。

テスターの表示窓に表れた数値が、測定された電圧です。左の写真では1.627Vとなっています（90ページ「科学のメガネ」を参照）。

2 コンセントの交流電圧の測定

コンセントの穴に２本のテスター棒のリードを差し込んで測定します。

3 LED 懐中電灯に流れる直流電流の測定

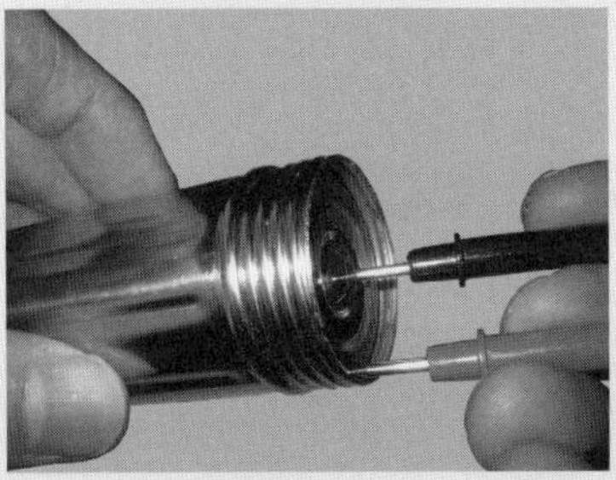

テスターを回路に直列に接続して測定します。

4 電球の抵抗の測定

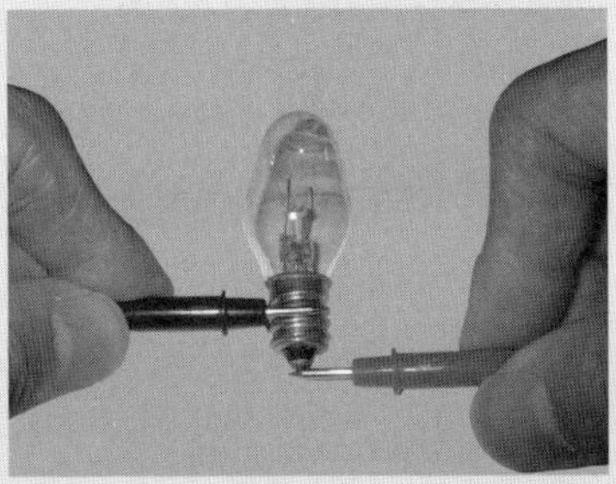

テスター棒のリードの一方を口金に、もう一方を電極に押し当てて測定します。

tips

テスターを購入するときのポイント

はじめて購入するなら、デジタルの安い機種がおすすめです。機種によっては特殊な電池を使用するものもありますから、スペアの電池も一緒に購入しましょう。

２台目を購入するのであれば、アナログの多機能なものがおすすめです。

科学のメガネ

テスターの正しい上手な使い方

使うときの注意点

赤、黒の２本の棒を**テスター棒**、先端の金属の部分を**リード**といいます。別添えのテスター棒をテスター本体の端子に差し込んで使う機種もあります。その場合、測定モードや測定レンジの違いにより差し込む端子が異なる場合がありますから、注意が必要です。接触不良にならないように、リードの汚れをふきとり、測定部分にしっかりと押し当てます。

テスターにはヒューズなどの安全装置が組み込まれていますが、電圧と電流を測定するときは、測定レンジを超えないようにします。抵抗については、電流が流れにくくなるだけなので、測定レンジを気にする必要はありません。

直流電圧のはかり方

直流電圧の測定レンジが、450V、200V、20V、２Vのデジタルテスターで電池の電圧を測定してみます。電池の電圧はおよそ1.5Vであるとわかっていても、「**最大値の測定レンジからはじめる**」という原則を守るようにします。

新品のアルカリ乾電池の電圧を測定すると、下の表のような結果になりました。結局、この電池の電圧は1.627Vであることがわかりました（89ページの「1電池の直流電圧の測定」の写真を参照）。接触不良にならないように注意して操作すると、何回測定しても同じ結果になるはずです。

測定レンジ	表　示	注
450V	002	小数点以下が四捨五入され、省略された
200V	01.6	小数第２位が四捨五入された
20V	1.63	小数第３位が四捨五入された
2V	1627	表示機の構成上、小数点は表示されない

アナログテスターで直流電圧を測定するときには、赤を＋極側、黒を－極側に押し当てます。これを逆にすると、メーターの針が逆に振れてこわれることがあります。しかし、デジタルテスターでは、これを逆にしても測定できます。先ほどの電池の＋極に黒を、－極に赤を当てて測定すると、－1627と表示されます。つまり、どちらが＋極側かわからない場合でも、測定結果からさかのぼって、それを知ることができるのです。

交流電圧のはかり方

コンセントの電圧を同じデジタルテスターで測定してみます。このテスターの交流電圧の測定レンジは、450V、200Vです（測定可能周波数は45～1000Hz)。２本のテスター棒のリードをプラグのようにしてコンセントの穴に差し込みます（89ページの「2コンセントの交流電圧の測定」を参照）。交流なので、赤、黒の極性は無関係です。

実際にはかってみると、450Vレンジでは099、200Vレンジでは98.8と表示されました。学校や家庭で使われているコンセントの電源の電圧は特殊な場合を除いて100Vなので、およそ100Vになるはずです。でも、同じ配線回路内で消費電力の大きな器具を使用すると電圧が降下するので、100Vより低くなります。ただし、継続的に90Vを割り込むなど、電圧の降下が大きい場合は、電源容量が不足していることを示していますから、安全のために使用を中止し、家庭内の配線と電力会社との契約のいずれも、より容量の大きなものに変更する必要があります。

直流電流のはかり方

次に直流電流を測定してみます。複数の測定レンジがある場合は、電圧の測定の場合と同様に、「最大値の測定レンジからはじめる」ようにします。アナログテスターで直流電流を測定するときには、赤を＋極側、黒を－極側に押し当てますが、デジタルテスターでは、これを逆にしても測定できます。直流電圧の測定の場合と同じです。

電流測定モードのときに直接電池につなぐことは厳禁です。その理由は、ほとんどのアナログテスターでは、測定レンジをはるかに超える電流が流れ、針が振り切れてしまうからです。また、ほとんどのデジタルテスターでも、測定レンジを超えてしまいます。

LED懐中電灯（LED 3灯、昇圧回路なし、単１マンガン乾電池３本使用）の点灯中の電流をはかると、79.8mAであることがわかりました。電流を測定するときには、テスターを回路に直列に接続します。使用したLED懐中電灯は、筒の下側（電池の－極側）が開放できるタイプなので、リードの赤を懐中電灯の筒に、黒を電池の－極に押し当てます（89ページの「3 LED懐中電灯に流れる直流電流の測定」を参照）。

抵抗のはかり方

電球の抵抗を測定してみます。測定に必要な電圧はテスターから供給されます。赤、黒の極性は無関係です（ダイオードの検査の場合を除きます）。リードの一方を口金に、もう一方を電極に押し当て、測定レンジを切り替えながら測定します。100V、５Wの電球をはかると、180Ωであることがわかりました（89ページの「4 電球の抵抗の測定」を参照）。

もっと知りたい！

100V、５Wの電球の抵抗は180Ω？

計算上は、オームの法則　電圧 V〔V〕＝電気抵抗 R〔Ω〕× 電流 I〔A〕から、

$$R = V^2 / VI = 100^2 / 5 = 2000\,〔\Omega〕$$

になるはずです。「科学のメガネ」で述べた抵抗の測定結果の180Ωとは、違いが大きすぎます。

このような違いの出る理由は、抵抗をはかるときの温度が違うからです。フィラメントを構成するタングステンは、かける電圧が高くなるほど、温度が上がり、抵抗が大きくなるのです。電球は100Vで使用しますが、テスターで抵抗を測定するときの電圧はテスターから供給されます。このデジタルテスターでは、3.2Vの電圧で抵抗をはかっているのです。100V点灯時のフィラメントは局所的に数千℃になっています。2000Ωというのは、そのときの数値なのです。

このことを確かめるために、しばらく点灯して温度の上がった電球をソケットから取り外してはかってみました。フィラメントの温度はリードを当てるまでの数秒間でも急速に冷えるのですが、それでも、400Ω程度から急速に数値が下がっていくのが観測されました。

こうすれば失敗しない！

23. ホットプレートを有効に使う

▷実験をサポートする重要アイテム

ホットプレートは電気を利用した加熱器具です。バイメタルを使った調節器があるので、160℃～200℃くらいの温度に保つことができます。ガスバーナーやアルコールランプに比べて炎がないので、引火する危険性はありませんが、加熱されたプレートに触るとやけどをします。一般の加熱器具と同じように安全に気をつけて利用しましょう。

使い方いろいろホットプレート

べっこう飴を作ったり、感熱紙で作るカメラの熱源に使ったりと、ホットプレートにはいろいろな使い方があります。ホットプレートは家庭科室にあるかもしれません。ぜひ一度、授業で活用してみてください。理科室に１台あると、いろいろと使えて便利です。

使うときの注意点

① アルミホイルを用意

ホットプレートの表面に油汚れがあるときは、アルミホイルを敷いて使いましょう。

② 消費電力をチェック

ホットプレートはたくさんの電気を使います。複数台利用するときは、ブレーカーの容量を超えないように注意しましょう。ブレーカーの設置場所は、理科室内、準備室、廊下など施設によって異なりますので、事務室などにある学校施設の設計図で確認します。

ホットプレートの表面に油汚れがあるときは、アルミホイルを敷いて使いましょう。

後片づけのポイント

ホットプレートの表面を金だわしでこすると、傷がつきます。汚れたら水を含ませたスポンジや布で洗うようにします。

こんな失敗…

●スライドガラスに食塩水を数滴たらし、アルコールランプで加熱して食塩を取り出そうとしたら、スライドガラスが割れてしまった。

これで解決!!

●ガラスはかたよった温め方をすると、割れることがあります。アルコールランプのような炎を利用すると割れやすいようです。こんなときは、ホットプレートを使うとよいでしょう。加熱温度を中くらいに設定しておけば、全体を均一に温められます。食塩水を蒸発させたスライドガラスは、ピンセットやるつぼばさみで取り出します。

ホットプレートを使って実験しよう！

用意するもの

ホットプレート、ビーカー、パラフィン、葉、エタノールなど。

物質の三態の実験

ろうそくの原料に使われているパラフィンは、液体から固体になると体積が減り、固体から液体になると体積が増えます。

パラフィンが入ったビーカーをホットプレートに置いて加熱すれば、容易にとかして液体にすることができます。1Lビーカーで大量にとかすと、固まったときに真ん中が大きくへこんで、子どもにうけること間違いなし！　とてもおもしろいです。

1Lビーカーでパラフィンをとかす。

冷えて固まると真ん中が大きくへこむ。

アルコールの脱色の実験

葉にデンプンがあるかどうか調べるときに、エタノールで脱色する方法があります。一般には引火の危険を避けるために水浴を利用するか、熱湯が入ったビーカーの中に、エタノールが入ったビーカーをつけて湯せんして行います。

エタノールは沸点が高く、熱湯でもなかなか脱色できません。こんなときにホットプレートを利用すれば、引火の心配もなく脱色することができます。

ホットプレートを利用した場合、エタノールがたくさん気化します。換気に気をつけて、たくさん吸い込まないように注意します。

プレート全体が加熱されるので、ビーカーを直接置くことができます。

こうすれば失敗しない！

24. 上手なはんだづけのコツ

▷実験をサポートする重要アイテム

電気の実験器具をよく見ると、いろいろなところに「はんだづけ」がされていることに気がつきます。たとえば、「ミノムシクリップ」や「ワニグチクリップ」では導線との間が「はんだ」で接合されています。「はんだづけ」が上手にできると、このような実験器具の補修に役立ちます。

予備はんだとクリップの接合部

「はんだづけ」をする前に、予備はんだをしてはんだメッキします。

予備はんだ

①ワイヤーストリッパーで導線の先端２cmくらいの被覆を取り除き（98ページ「25.導線の被覆をきれいに取り除く」を参照）、芯線を撚《よ》っておきます（右の写真上）。

②撚った導線にはんだごてを当て加熱したら、糸はんだをあてがい、導線をはんだメッキします（右の写真下）。はんだメッキした先端をニッパで切り、仕上がりを１cmくらいにします。※

③ワニグチクリップのキャップをはずしてから、ワニグチクリップをドライバー（割りばし）などにはさんで固定します。

④ワニグチクリップの内側にはんだごてを当てて加熱したら、糸はんだをあてがい、ワニグチクリップをはんだメッキします。

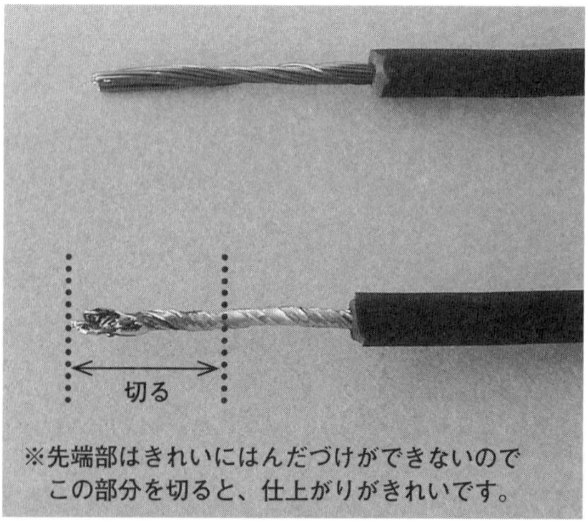

※先端部はきれいにはんだづけができないので
この部分を切ると、仕上がりがきれいです。

クリップの接合部

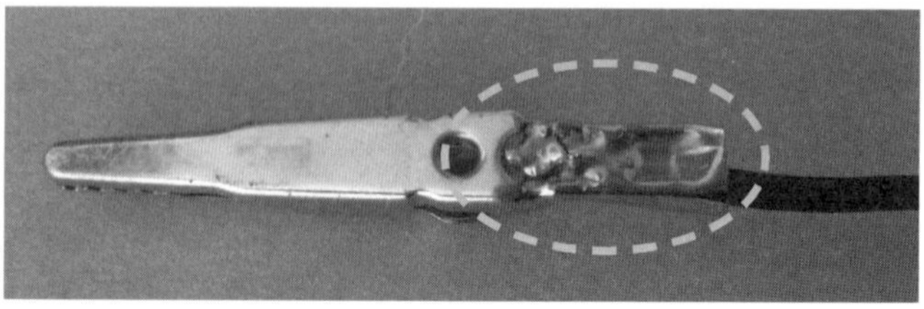

こんな失敗…

●導線をクリップにはんだづけしようとしたけれど、はんだが思うようにとけない、導線とクリップをうまくはんだづけできない、つけたはずのはんだがとれてしまったなど、いろいろ失敗してしまった。

これで解決!!

●はんだづけが上手にできないのには理由があります。はんだづけのしくみを知って、上手なはんだづけのコツを覚えましょう。

はんだづけをしてみよう!

導線とワニグチクリップのそれぞれに予備はんだをしてから、はんだづけする方法にチャレンジしてみましょう。

用意するもの

糸はんだ、はんだごて(30W)、こて台、ワイヤーストリッパー、ラジオペンチ、導線、ワニグチクリップ、ドライバーまたは割りばしなど。＊予備はんだで使うものも含む。

※ほかに導線をじかにワニグチクリップに、はんだづけする方法もあります。

1 ワニグチクリップの内側のはんだメッキしたところに、はんだメッキした導線を置き、はんだごてを当てます。

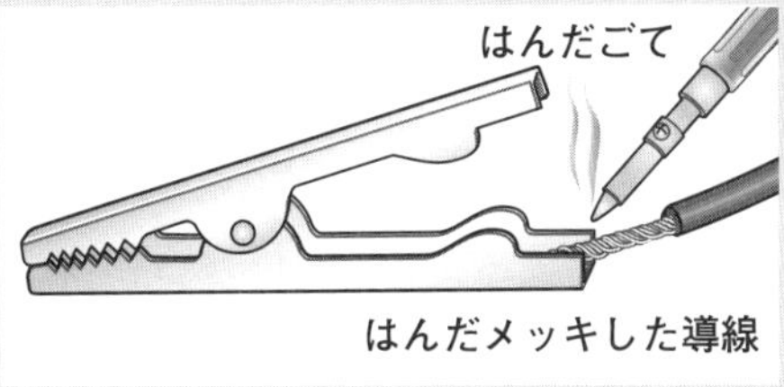

2 ①の状態のままで、糸はんだをこて先に当てます。はんだが流れて広がるまで待ちます。

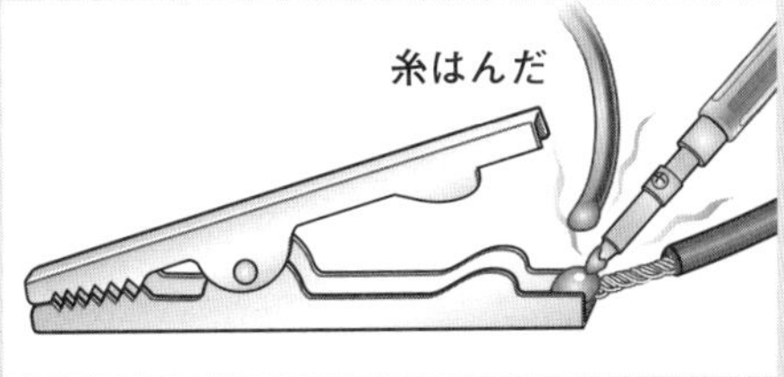

3 はんだがとけて広がったら、こて先を離します。十分に冷えたらはんだづけは終了です。

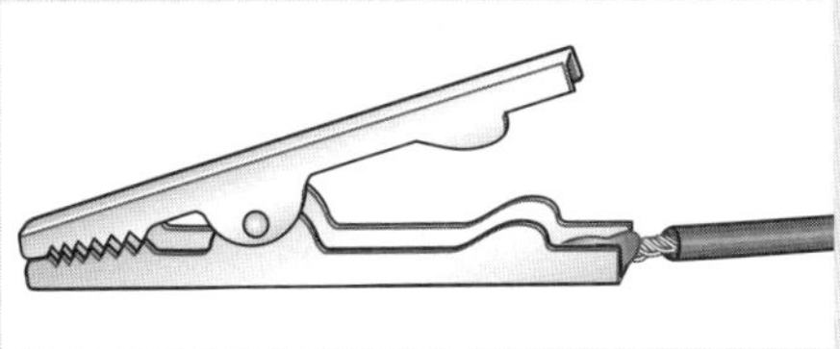

＊導線をクリップの内側につける方法と外側の穴につける方法があります。

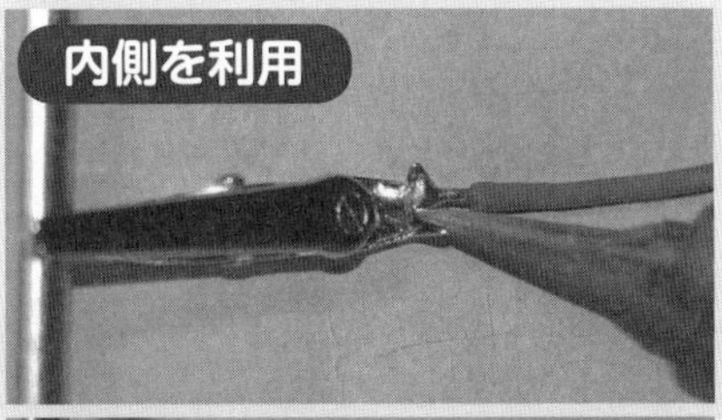

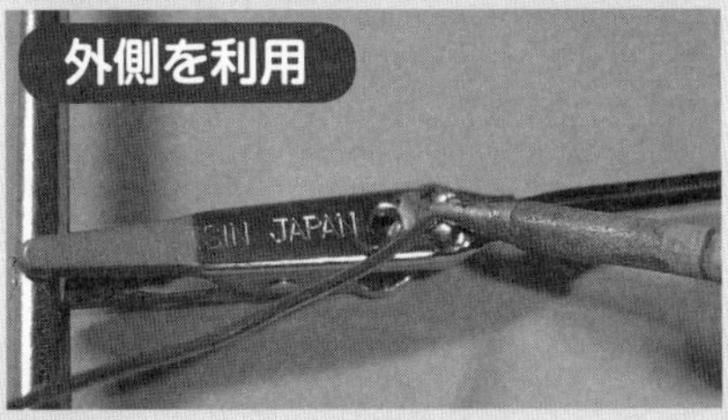

完成! クリップの爪に導線を挟んでペンチでかしめ、キャップをはめたら「**導線つきワニグチクリップ**」の完成。

科学のメガネ

はんだづけ上達のために

「はんだ」と「はんだづけ」

はんだは、**ろう接**用の材料で**軟ろう**ともいいます。ろう接とは、接合したい部品と部品（たとえばワニグチクリップと導線）の金属表面をできるだけとかさないようにして行う接合方法のことで、はんだを用いて行うろう接を**はんだづけ**といいます。部品の表面に、その部品とはんだによる薄い合金の層を作ることで、部品同士を接合させます。

ろう接には、接合したい部品より融点の低い金属を用います。450℃未満の低い融点をもつはんだを使うものをはんだづけ、450℃以上の融点をもつろうを使うものを**ろうづけ**といいます。

はんだには、**鉛含有はんだ**と**鉛フリーはんだ**があります。鉛含有はんだはスズと鉛を主成分としています。鉛フリーはんだは環境汚染に配慮して開発されたもので、JISでは、鉛の含有率が0.1質量%以下に規定されています（参考：JIS Z3001-3「溶接用語」、JIS Z3282「はんだ―化学成分及び形状」）。

銅やニッケル、鉛、スズ、金、銀などは、比較的容易にはんだづけができます。

糸はんだとはんだごて

現在、電気工作用として市販されている糸はんだには、フラックスが含まれています。フラックスは、はんだづけをする金属表面の、汚れを取り去ったり、保護したりして、はんだづけをしやすくする薬品のことです。

フラックスは別途購入することもできるので、必要に応じて使用します。

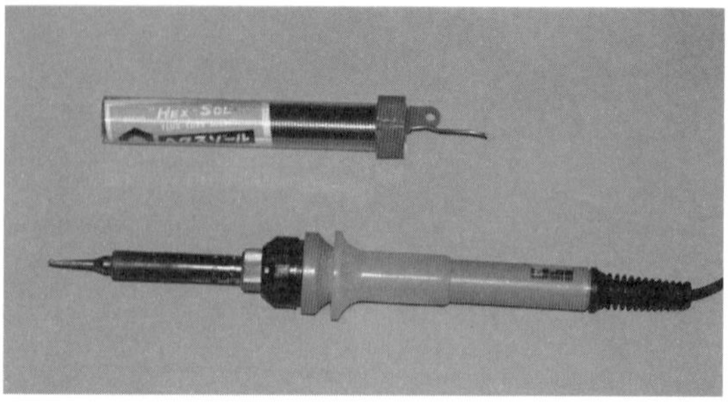

上・糸はんだ、下・はんだごて

電気工作用に使われるはんだごては、電熱式で30W程度のものが多いようです。はんだごてを上手に使うと、はんだづけもうまくいきます。

はんだづけのトラブル対策

1. はんだが思うようにとけない

はんだがとけないのは、はんだごてのこて先の処理に原因があります。はんだごては、ニクロム線の発熱を利用してこて先を加熱します。こて先はとても高温になるので、酸化が進み酸化膜ができます。この酸化膜により熱伝導が悪くなって、はんだがとけにくくなるのです。

解決方法は、こて先の種類によって違います。

[銅のこて先の場合]

金属ヤスリでこての先端の形を整えてから通電して加熱します。はんだがとけるようになったら先端にはんだを当て、先端部を銀色にメッキします。この作業を**はんだメッキ**といいます。

また、はんだづけをしている間は、ときどきぬれたスポンジでこて先を清掃して、こて先の汚れを取り除いたり、加熱しすぎたりしないようにします。

［アルミニウムのこて先の場合］

銅のこて先は腐食しやすいので、腐食しないように作られた鉄棒をアルミニウムで包んだこて先があります。ヤスリがけをすると、アルミニウムが削られてしまうので削ってはいけません。

作業途中に、ぬれたスポンジでこて先を清掃すると熱伝導がよくなり、はんだがきれいにとけます。

こて先をぬれたスポンジで拭って、こて先の汚れを落とす。

2. 導線とクリップを、うまくはんだづけできない

導線とクリップをはんだづけするには、両者が同じ温度になることが必要です。導線だけが加熱されていても、クリップが冷たければはんだづけはできません。はんだづけを成功させる目安は、とけたはんだが流れ広がるまで、こて先を離さないことです。

3. はんだがすぐにとれてしまう

はんだがすぐにとれてしまうのも、お互いに十分に加熱されていないことが原因です。十分に加熱して、はんだが流れ広がるのを待ちます。はんだづけをする金属表面がきれいになっているか確かめることも大切です。もし、錆などの汚れがあったら、紙ヤスリなどで表面をきれいにしてから、はんだづけします。

4. ステンレスやアルミニウムのはんだづけ

ふつうのはんだづけでは、ステンレスやアルミニウムは合金層を作りません。もし、このような金属をはんだづけするときは、専用のはんだやフラックスを使います。

5. 電子部品を取りつけるときの注意

トランジスタのように熱に弱い部品をはんだづけするときは、はんだごての熱をトランジスタの内部に伝えないようにします。そこで、放熱器の役割をする金属のクリップ（ミノムシクリップなど）で部品のリード線をはさみ、熱を逃がすようにします。

6. はんだをはずすには

電流計の抵抗を焼き切ってしまった場合、はんだづけしてある部品をはずす必要があります。こんなときに重宝するのが、銅線を編み目状に編んでフラックスを染み込ませてある「はんだ吸い取り線」です。はんだをはずしたい位置に吸い取り線をあてがい、その上からはんだごてで加熱すると、毛細管現象ではんだが吸い取れます。

もし、吸い取り線がないときは、導線を撚って代用にします。このほかにも、スポイト型のはんだ吸い取り器などが市販されています。

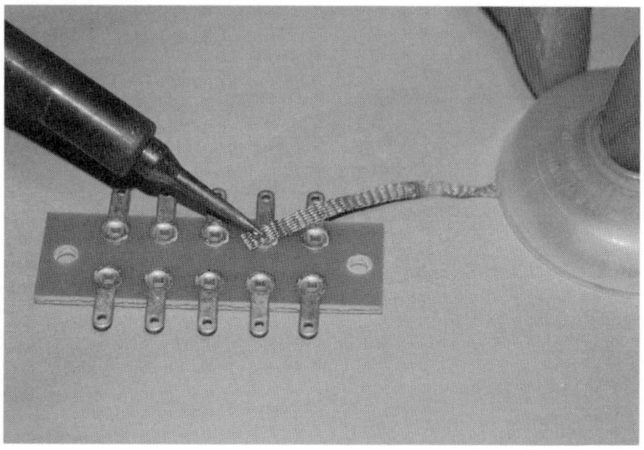

はんだ吸い取り線の上に、はんだごてを当ててはんだを吸い取る。

こうすれば失敗しない！

25. 導線の被覆をきれいに取り除く

▶学習指導要領 3年「電気の通り道」 4年「電気の働き」 5年「電流の働き」 6年「電気の利用」

３年で「電気を通す物と通さない物があること」を学習し、その後も各学年で電気の学習をしていくなかで、被覆されたままの導線には電流が流れないことが理解できるようになっていきます。電気の実験を成功させるためにも、導線の被覆をきれいに取り除くことができるようにします。

導線の被覆を取り除く方法

導線はビニルやエナメルで被覆されています。

ビニルの被覆は専用工具を使う

専用工具を使って導線を覆っているビニルを取り除くと、細い芯線が出てきます（写真・左）。その細い芯線を撚《よ》って仕上げます（写真・右）。

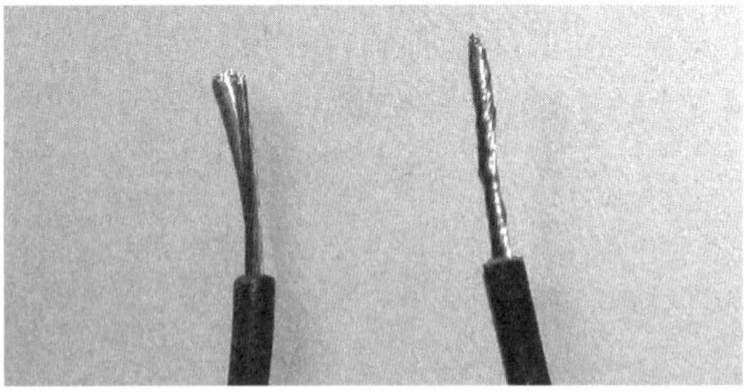

エナメル線の被覆は紙ヤスリで

エナメル線は銅線にエナメル塗料を塗布した導線です。エナメル塗料は耐熱温度が低いため、学校教材などの限られた用途で使用されています。学校で見かける教材のカタログには、エナメル線（ホルマル線）とありますが、ホルマル線は、ホルマル塗料を塗ったもので、エナメル線より皮膜が丈夫です。

エナメルをはがすには、80番くらいの粗い紙ヤスリを利用するときれいにはがせます。 ただし、力を入れすぎるとちぎれてしまいますから、力加減が必要です。また、取りたい部分のエナメル塗料などをアルコールランプやガスバーナーの炎で焼き、すすも含めて紙ヤスリで磨く方法もあります。

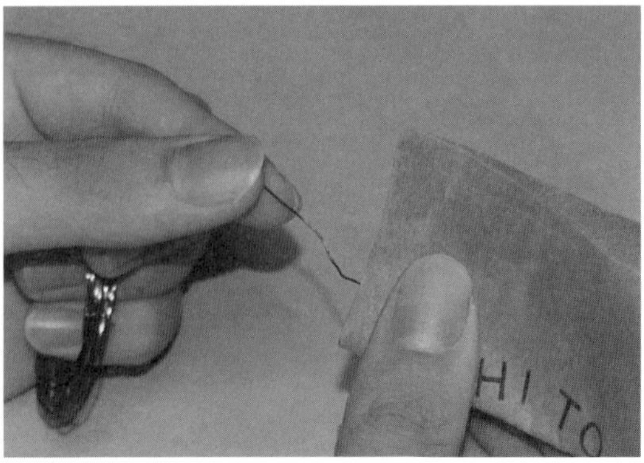

紙ヤスリを使う。カッターやはさみは使わない。

こんな失敗…

● 導線を覆っているビニルを取り除こうとしたら、銅の芯線を切ってしまった。また、エナメル線の皮膜を紙ヤスリではがそうとしたら、ムラができてしまった。

これで解決!!

● 導線の被覆をきれいに取り除くためには、その作業に適した道具（専用工具）を正しく使って行うことがたいせつです。正しい方法を身につけましょう。

導線の被覆を取り除いてみよう！

ワイヤーストリッパーやニッパなどの専用工具を正しく使って、被覆されたビニルをきれいに取り除いてみましょう。

用意するもの

ワイヤーストリッパー、ニッパ、導線など。

ワイヤーストリッパーを使う

ワイヤーストリッパーはビニルなどの導線の被覆を取り除くための専用工具です。導線の太さに応じたくぼみがあり、このくぼみに導線をひっかけて作業をします。

くぼみより太い導線を処理すると、刃先をいためます。逆にくぼみより細すぎる導線を処理すると滑ってしまいます。取り除く被覆の長さの目安となる指標がある機種では、長さをそろえて処理することができます。

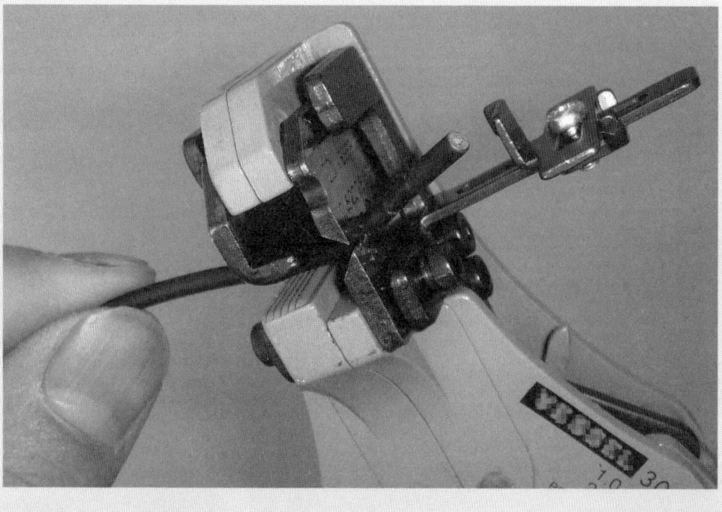

ニッパを使う

ニッパは導線や細い針金を切るときに使う道具です。ビニルなどの導線の被覆を取り除くには、刃先で軽く被覆をはさみ、引くようにします。処理できる導線の太さが限られますが、きれいに処理することができます。

太い針金を切ると刃先がこぼれてしまうので、導線の被覆を取り除くための専用工具として使うと長もちします。

こうすれば失敗しない！

26. これは便利！インバーター蛍光灯

▷実験をサポートする重要アイテム

観察の際に、照明はとても重要な要素になります。インバーター方式の照明器具の「インバーター蛍光灯」を上手に利用することで、観察がスムーズに進みます。

インバーター蛍光灯を使った観察

顕微鏡で観察するときの照明として、インバーター蛍光灯はとても役立ちます。ちらつきがなく目の負担が少ないうえに、一度に数人の子どもたちが利用できます。

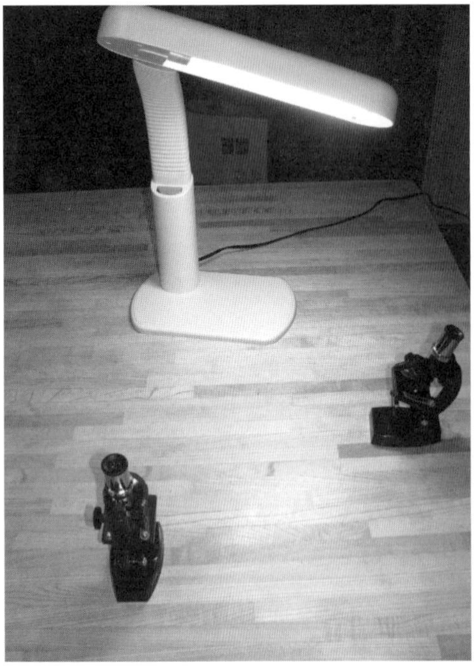

インバーター照明器具を使うと、ちらつきがないので、長時間、顕微鏡で観察をしても目が疲れにくいのです。また、複数の子どもたちが同時に使用できます。

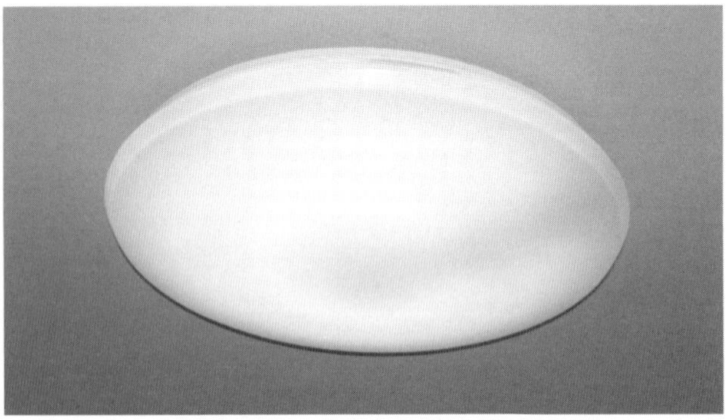

家庭の照明器具もインバーター蛍光灯が増えてきました。目が疲れず、省エネにもなります。

パソコンの液晶画面のバックライトにもインバーター蛍光灯が使われています。

こんな失敗…

●天井の蛍光灯のあかりを使って観察したら、ちらついて目が疲れた。また、電球を使って観察したら、電球が熱くなり触ったらやけどしそうになった。

これで解決!!

●ちらつきがなく目の負担が少ない、インバーター蛍光灯を使って観察しましょう。

インバーター蛍光灯はなぜ ちらつかないか調べてみよう！

周波数と放電

一般の家庭で使われている電気は交流の電気です。交流とはプラスになったりマイナスになったりを繰り返している電気のことで、プラスとマイナスを１秒間に繰り返す回数を**周波数**（単位はヘルツ）といいます。おおまかな区分けですが、西日本の電気は60ヘルツ、東日本の電気は50ヘルツになっています。

蛍光灯は放電管の一種で電圧をかけたときだけ**放電**します。

ガラス管の中の圧力を真空近くまで下げて、電圧をかけると電気が流れるようになります。これが放電現象です。放電するときに光が出ますが、この光には目に見える成分が少なく、目に有害な紫外線も出ているので、そのままでは照明として使うことができません。蛍光管の内側には蛍光塗料が塗ってあり、放電のときに出た光は蛍光塗料に当たって目に見える光に変換されます。このとき、目に有害な紫外線も無害な光に変換されます。

蛍光灯は、放電のときの光が管の内側に塗られた蛍光塗料に当たることによって光る照明です。

ちらつきを解消するインバーター

蛍光灯を家庭用の電源（コンセント）に接続すると、断続的に周波数の２倍の回数放電することになります。これがちらつきの原因です。そこで、このちらつきを解消するため、交流電源の周波数をより高いものに変換するインバーターという装置を組み込んだインバーター蛍光灯が作られました。最近の蛍光灯器具にはインバーター装置が接続してあり、家庭の電気を2万ヘルツ～５万ヘルツに変えています。蛍光管の放電回数も毎秒４万回～10万回になるので、ちらつきはまったく感じなくなります。

tips

《ちょっと実験》インバーターが使われている蛍光灯の見つけ方

デジタルカメラの液晶画面を使っていろいろな蛍光灯を観察してみると、インバーターが使われているかいないか、はっきりわかります。

デジタルカメラを蛍光灯に向け、液晶画面を通して見てみると、インバーターが使われていない蛍光灯は、光がちらついて見えます。一方で、インバーターが使われている蛍光灯やパソコンの画面は、デジタルカメラの液晶画面を通して見てみても、肉眼で見たときと同じように、ちらついて見えないことがわかります。ためしてみてください。

こうすれば失敗しない！

27. ゴム栓はポリ袋に入れて保管する

▷実験をサポートする重要アイテム

ゴム栓は理科の実験のさまざまな場面に登場します。ゴム栓１つが実験の成否を左右することもあります。普段からゴム栓の管理に気をつけることが大切です。

ゴム栓の種類

黒ゴム栓

- 天然ゴムから作られています。
- 理科の実験でよく使われるゴム栓です。

シリコンゴム栓

- 酸素とケイ素をもとにした高分子化合物から作られています。
- 耐熱性、耐寒性、耐薬品性に優れています。
- 黒ゴム栓に比べて高価です。

こんな失敗…
●ゴム栓がかたくなっていて、実験器具の栓に使えなかった。また、ゴム栓がフラスコやガラス管にくっついて、とれなくなった。

これで解決!!
●どちらもゴムが劣化したことが原因です。そうならないように、ゴム栓の保管に気をつけましょう。

ゴムの性質を知ろう！

学校で使うゴム栓の多くは天然ゴムでできています。

天然ゴムは、ゴムの木の樹液（ラテックス）から作られます。ラテックスを集めて固めた生ゴムに、硫黄などの薬剤を加えて加工すると、弾性をもった天然ゴムができます。しかし、温度や湿度の変化に弱い、空気中の酸素によって酸化されやすい、紫外線にも弱いなどの性質があることから、劣化して、弾性が低下したり、表面がとけてガラス器具にくっついてしまったりします。

ゴム栓はポリ袋に入れて保管しよう！

ゴム栓を放置しておくとゴムが劣化してしまいます。

使い終わったゴム栓は、フラスコやガラス管などの実験器具からはずして、きれいに洗浄し、よく乾かしてからポリ袋に入れて、直射日光のあたらない場所に保管します。

また、未使用のゴム栓もポリ袋に入れて同じように保管しましょう。

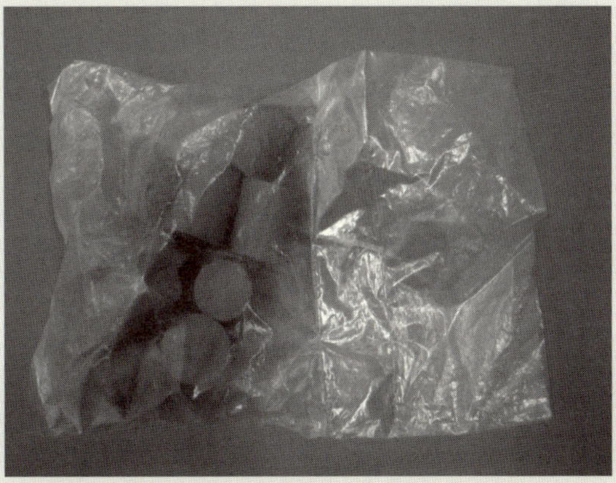

tips

ゴム栓のサイズ

ゴム栓にはいろいろなサイズのものがあります。サイズが合っていないと、実験中に液がこぼれたり、外れたりして、とても危険です。使用する実験器具の口に、栓の長さの半分くらいが入る大きさのゴム栓を選ぶようにします。

また、同じ番号の製品でもメーカーによって大きさが違うので、選ぶときに気をつけましょう。

こうすれば失敗しない！

28. ガラスの性質を知って実験器具を安全に扱う

▷実験をサポートする重要アイテム

ガラス製の実験器具はいろいろな実験に使われますが、扱い方を誤ると割ったりキズをつけたりして、実験がうまくいかないことがあります。また、割れたガラスでけがをすることもありますので、安全な取り扱い方を身につけましょう。

ガラスは熱で変形する

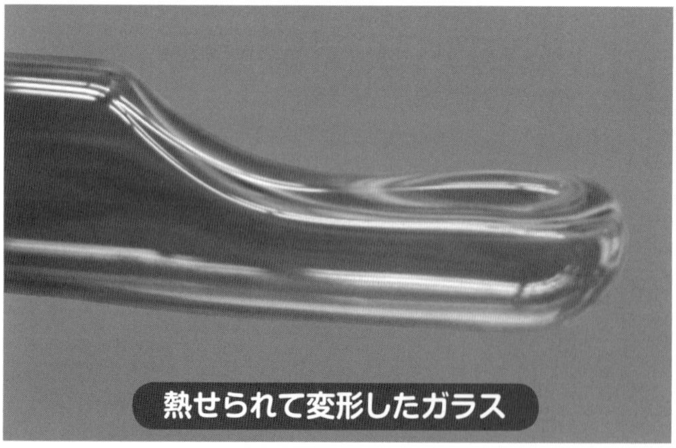

熱せられて変形したガラス

- ガスバーナーで試験管を強熱すると熱せられた部分が変形し、変形した分だけガラスが薄くなって割れやすくなります。
- 熱せられなかった部分は、まったく変形しなかったので、ガラスは熱を伝えにくい物質であることがわかります。

caution！

キズがあるガラス器具の加熱や、熱したガラスの急冷はキケン！

ガラスは熱を伝えにくい物質なので、ガスバーナーで加熱したときに、炎のあたり方によって熱せられ方が不均一になります。すると、膨張のしかたに差が生じ、ガラスを変形させようとする力がはたらくので、弱くなっているキズの部分から破壊されていきます。キズがあるとガラスが割れやすくなるということです。

また、熱したガラス器具を急冷すると、ひびが入ったり割れてしまったりするので、熱したガラス器具はゆっくり冷やしてから片づけるようにします。

こんな失敗…

- 手を滑らせてガラス器具を割ってしまった。
- ガラス器具にキズが入っているのを見つけたが、そのまま使っても大丈夫かどうかがわからない。

これで解決!!

- ガラス器具をぬれた手でつかもうとすると滑ってしまうことがあります。手やガラス器具をよくふいて、注意して取り扱いましょう。
- ビーカーのふちが欠けて危険な場合は、ガスバーナーで欠けた箇所をとかして応急手当てができますが、子どもたちには使わせないようにします。キズがついたガラス器具は、子どもたちの安全を最優先して廃棄します。

ガラスのキズを利用してガラス管を切断してみよう！

1 ガラス管にキズをつける

ヤスリや**ガラス管切り**を使って、ガラス管の切断したい部分にキズをつけます。

ヤスリを使う

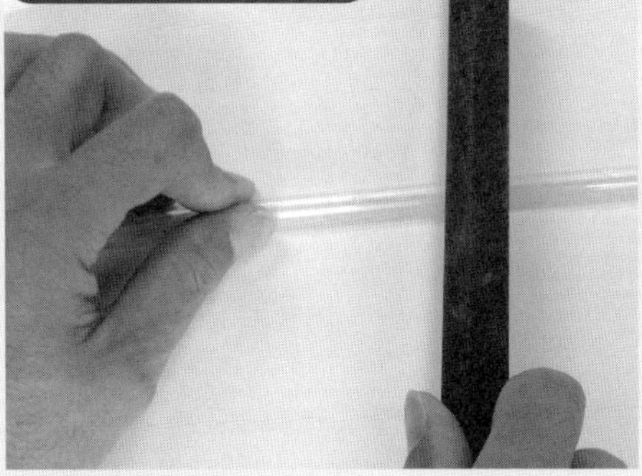

ガラス管切りを使う

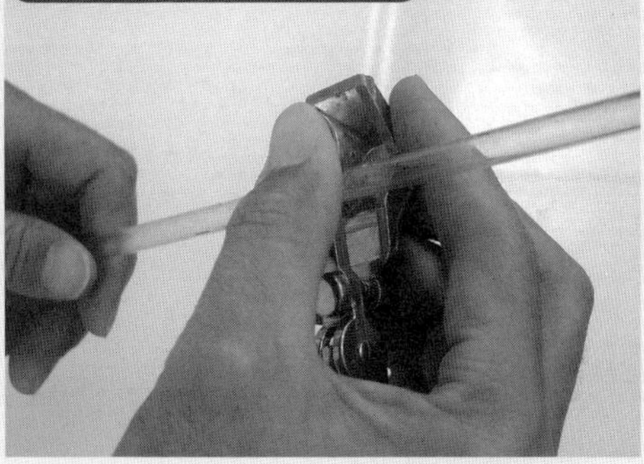

2 ガラス管を切断する

手で折る（直径10mm程度のガラス管）

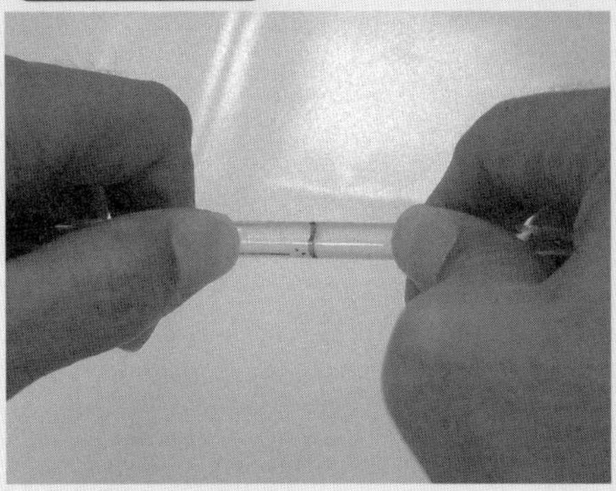

キズの反対側に親指をあて、軽く力を入れて折ります。

急熱法（誘導切り）で切断する（直径10mm以上のガラス管）

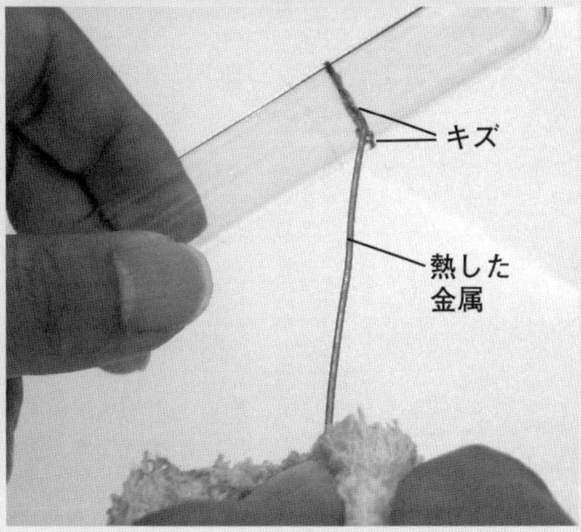

キズの延長線上3mmほど離れた部分に熱した金属などを強くあてると、キズが伸びてきます。それを繰り返して切断します。

こうすれば失敗しない！

29. ゴム栓にガラス管を通すときのテクニック

▷実験をサポートする重要アイテム

理科の実験では、ガラス管を通したゴム栓が活躍する機会が多くあります。実験を成功させるために、ゴム栓にガラス管を通す作業を事前にきちんと行っておく必要があります。

ゴム栓に穴をあけて実験をする

ゴム栓にガラス管を通した実験器具は、化学の実験でよく使われます。

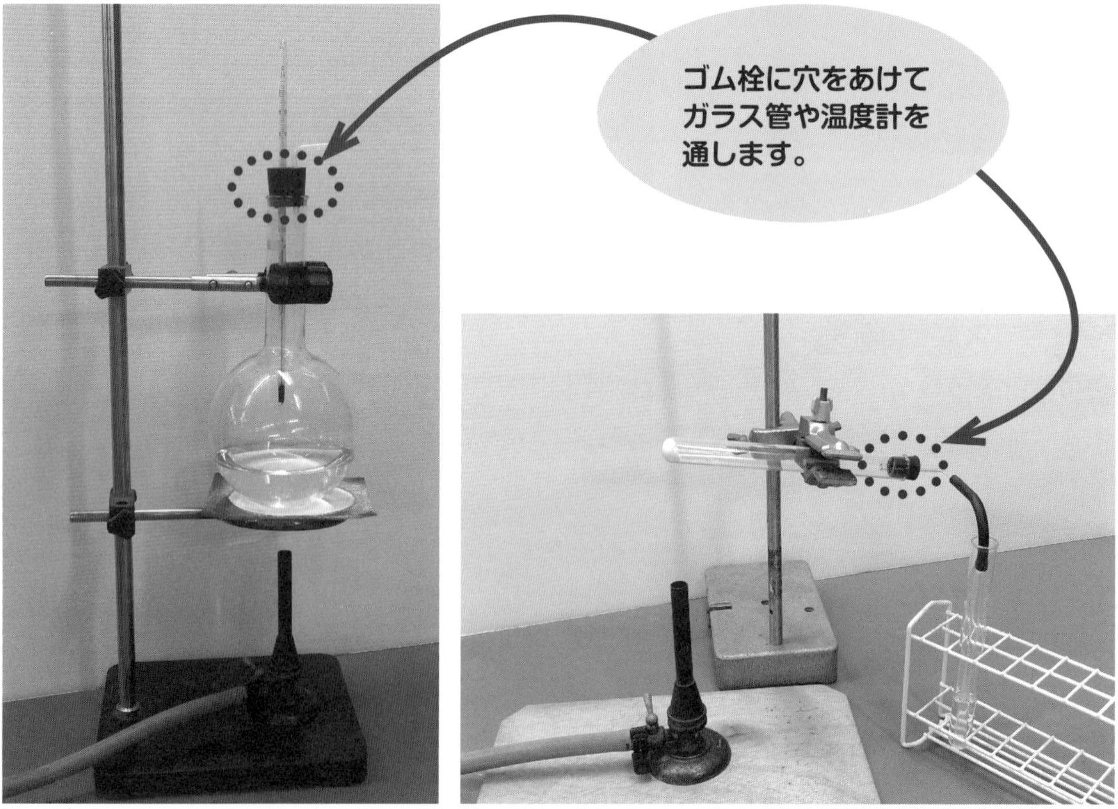
ゴム栓に穴をあけて
ガラス管や温度計を
通します。

ゴム栓にガラス管と温度計を通している。

ゴム栓にガラス管だけを通している。

こんな失敗…

● ゴム栓にうまく穴があけられずガラス管が入らない。入れる途中でガラス管が折れてしまった。

これで解決!!

● ゴム栓に切り口のきれいな穴をあけます。そして、ゴム栓とガラス管を水でぬらし、摩擦を小さくしてからガラス管を差し込むと入ります。

ゴム栓に穴をあけてガラス管を通してみよう！

ゴム栓にガラス管を通すときは、まずゴム栓に穴をあけます。切り口のきれいな穴をあければ、ガラス管も通しやすくなります。

1 コルクボーラーを使ってゴム栓に穴をあける

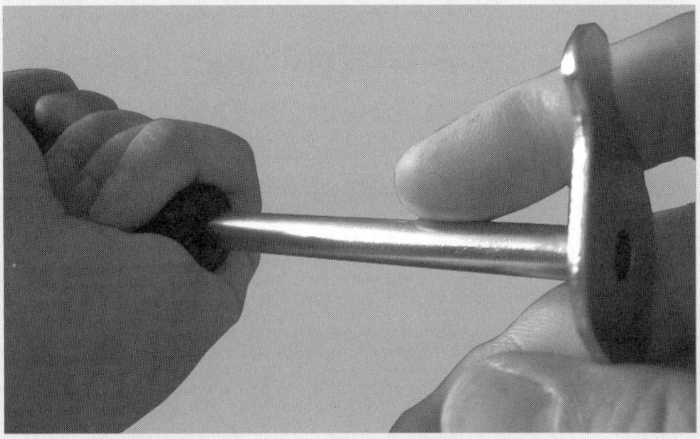

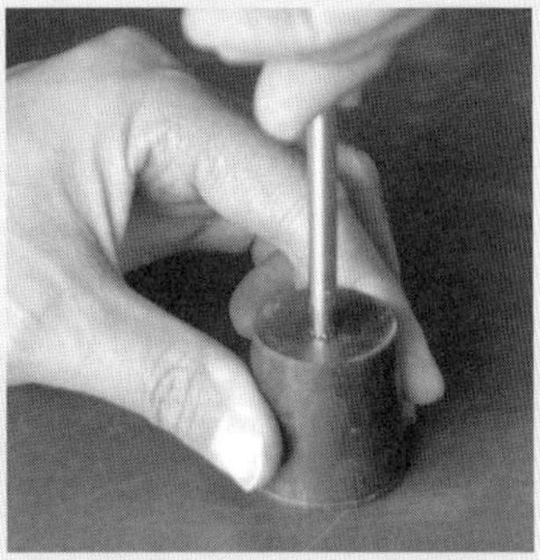

ゴム栓をしっかり持って固定し、ゴム栓の径の小さいほうにコルクボーラーをあて、ゆっくりと左右に回しながら穴をあけていきます。

2 ゴム栓やガラス管を水でぬらしておく

あけた穴にガラス管を通す前に、ゴム栓やガラス管を水でぬらすか、ワセリンなどを塗っておくと摩擦が小さくなり、ゴム栓にガラス管を通しやすくなります。

3 ガラス管は短く持ってゴム栓に通す

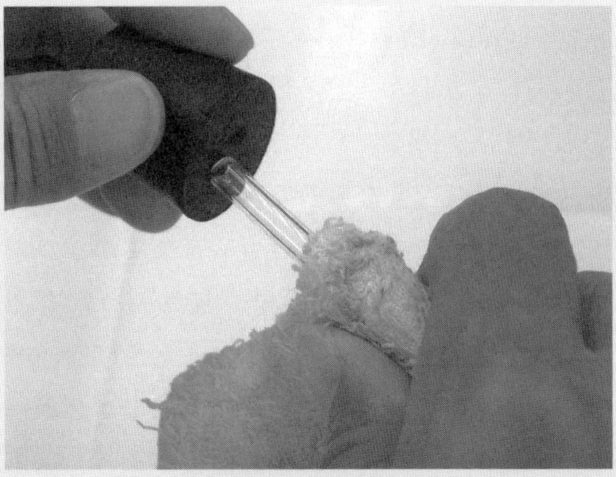

ゴム栓にガラス管を通すときは、ガラス管を短く持ちます。ガラス管を長く持つと、力の入れ加減によって途中で折れてしまうことがあり、危険です。

科学のメガネ

ゴム栓にガラス管を通すことの“科学”

ゴム栓に穴をあける

実験用に穴をあけてあるゴム栓を購入することもできますが、実験装置や器具に合わせて自分でゴム栓に穴をあける技術も、身につけておきたいものです。

ゴム栓の穴あけには**コルクボーラー**が便利です。刃に特殊な溝をつけて、作業のスピードアップを図った製品もあります。また、コルクボーラーには電動式のものもあります。

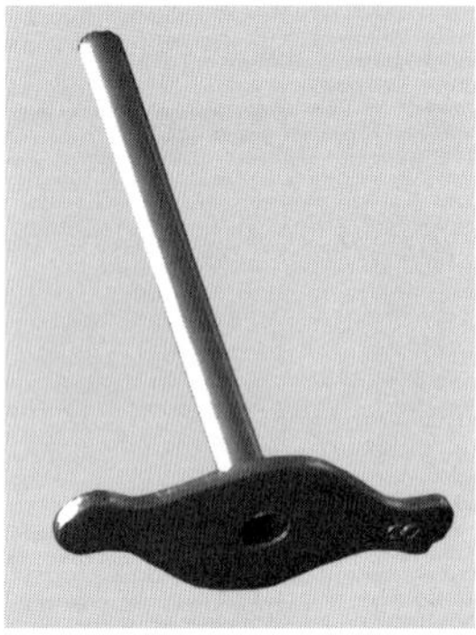

コルクボーラー

ゴム栓に穴をあけるときには、ゴム栓に通そうとするガラス管よりも、一回り小さな径のコルクボーラーを使うようにします。あいた穴の径がガラス管よりも一回り小さければ、ガラス管がゴム栓に密着するので、ゴム栓とガラス管の間にすき間が生じるのを防ぐことができるからです。一方で、あけた穴が小さすぎるとガラス管が入らなくなるので、注意が必要です。

ドリルで穴をあけることもできますが、コルクボーラーのほうが、手早くきれいな穴をあけることができます。穴をあけるときには、摩擦でかなりの熱が出ます。ドリルはコルクボーラーに比べてゴム栓との接触面積が大きくなるため、摩擦熱も多くなります。その熱でとけたゴムがドリルの刃にくっつくと、それ以上穴をあけるのが困難になります。

穴をきれいにあけるためには、ゴム栓をしっかり持って固定し、コルクボーラーをゴム栓の径の小さいほうに垂直に差し込みます。このとき、ゴム栓を変形させないようにして、力がコルクボーラーの先端に集中するように、両手でバランスをとりながら穴をあけていきます。

また、ゴム栓の径の大きいほうを下にして机や台の上にのせ、ゴム栓が動かないようにしっかり押さえながら穴をあける方法もあります。

ゴム栓にガラス管を通す

ゴム栓に穴があいたらガラス管を通します。

ゴム栓には適度な弾力があります。このため、接触面積が大きいと、いろいろなものにひっかかったり、くっつこうとしたりします。これが摩擦になります。たとえば、ジャムなどのビンのふたがかたくて回らないとき、三重くらいにした輪ゴムをふたにかけて回すと簡単に開けることができます。これもゴムの弾力、摩擦を利用したものです。

ゴム栓の穴にガラス管を通すときにも、摩擦が起こります。そこで、ガラス管が通りやすくなるように摩擦を小さくします。そのために、ガラス管を通す前に、ゴム栓やガラス管を水でぬらすか、ワセリンなどを塗っておきます。水やワセリンなどが潤滑液となります。また、摩擦によって起こる熱を冷却するはたらきもします。

ゴム栓にガラス管を差し込むときには、一方の手でしっかりゴム栓を持ち、もう一方の手でガラス管を短く持って、少しずつ力を入れながら、そしてガラス管を左右に回しながら、押し込んでいきます。ガラス管を短く持つのは、ガラス管が折れないようにするためです。力の入れ加減を間違えてガラス管が折れてしまうと、先端の鋭い部分が手に刺さることがあるので注意が必要です。

万が一のために、タオルなどの布でガラス管をくるんで持つと、より安全です。また、ガラス管にキズがあると折れやすくなるので、キズがないことも確認しておきます。

もっと知りたい！

ガラス管が抜けないときの対処法

実験が終わったら、なるべくガラス管はゴム栓から抜き取り、ガラス管とゴム栓をよく洗って乾燥させて保管するようにします。

実験でよく使われる赤ゴム栓や黒ゴム栓は、天然ゴムから作られています。この天然ゴムは温度や湿度の変化や直射日光の紫外線に弱く、空気中の酸素によって酸化されるなどして、劣化し、弾性が低下します。さらに、ゴム栓の一部がガラス管にくっついてしまうことがあります(102ページ「27.ゴム栓はポリ袋に入れて保管する」を参照)。

したがって、頻繁に使うのでなければ、ガラス管はゴム栓から抜いておいたほうがよいのです。ゴム栓からガラス管を抜くときも、差し込むときと同じように水を潤滑液として使用します。ゴム栓とガラス管との間にすき間を作り、そこに水を入れて少しなじませます。するとガラス管が抜きやすくなります。

天然ゴムは、水でぬらすことによってガラスとの間の摩擦を小さくできますが、一方で、水が介在することによってガラスと密着しやすくもなります。たとえば、こまごめピペットにゴム製のキャップをはめる場合やキャップをとる場合にも、水でぬらすとやりやすくなります。ガラス管とゴム管をつなぐときにも、同じように水でぬらすと、つなぎやすくなります。

ただし、長い時間放置しておくと、ガラス管をゴム栓から抜き取ることができなくなります。そのようなときには、コルクボーラーを使って抜き取ります。下の写真のように、ガラス管より少し大きい径のコルクボーラーを、ガラス管の一方にかぶせます。すると、ガラス管がコルクボーラーに差し込まれる形になります。

次にゴム栓に穴をあけたときの要領で、コルクボーラーを左右に回しながら押し込んでいきます。つまり、ガラス管よりも一回り大きな穴をあけていくことになります。こうすることで、固着したゴム栓の穴を削って広げ、ガラス管が取り出せます。

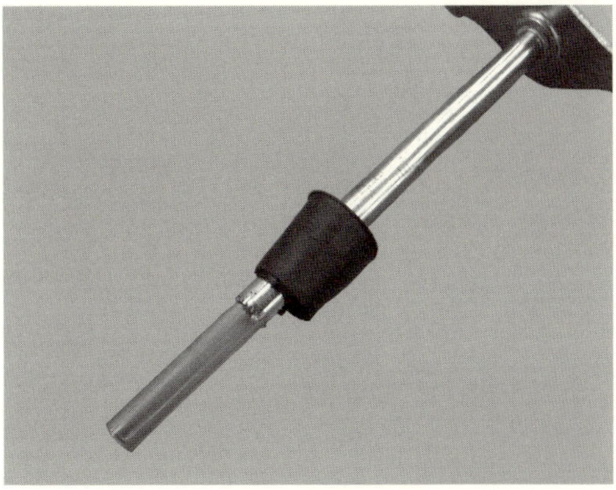

コルクボーラーの非常時の使用法

こうすれば失敗しない！

30. 身近な実験器具？ ペットボトルを活用する

▷実験をサポートする重要アイテム

ペットボトルは身近で入手しやすく加工もしやすいプラスチック容器として、理料の実験や観察に使われます。ペットボトルの構造や性質を知ることによって、使い道はさらに広がります。

ペットボトルとは

ペットボトルの原料である「ポリエチレンテレフタレート(PET)」にはどんな性質があるでしょうか。

特徴

軽くて丈夫

酸素を通す

薬品に弱い

熱に弱い

色は透明
（日本国内では）

種類

ペットボトルには、保存温度（販売温度）による種別があります。

①標準温度帯用

②高温度帯用

③冷凍温度帯用

caution !

ペットボトルに保存できない液体があるので、気をつけて扱いましょう。

× 強い酸性の液体
× 強いアルカリ性の液体
× 高い温度の液体
× 長期保存する液体
× 炭酸度が高い液体

また、ペットボトルに保存できる液体を保存する場合は、中身がわかるように表示しましょう。

こんな失敗…

●空気や水の性質を調べる実験や食塩を水に溶かす実験などでペットボトルを使うけれど、どのくらいの圧力に耐えられるのか、またどんな液体なら入れても大丈夫なのかがわからない。

これで解決!!

●ペットボトルの原料は、合成樹脂であるプラスチックの一種「ポリエチレンテレフタレート（PET）」です。この原料のもつ性質から、耐えられる圧力の制限や保存できない液体があります。

ペットボトルの特徴をもっと知ろう！

軽くて丈夫

◆軽く押したらもとに戻ります。ただし、強い力で大きくへこませると、もとには戻りません。

保存

◆長期保存が必要な液体は、ペットボトルの組織と中に入れた液体や添加物などが反応してしまうことがあるので、注意が必要です。

薬品

◆強い酸性の液体やアルカリ性の液体は、ペットボトルを溶かします（食酢程度の酸であれば問題はありません）。アルコールは20%が限度です。

温度

◆高い温度の液体は、ペットボトルを変形させます。50℃くらいが限界です。耐熱用でも85℃が限度です。

◆耐寒性はありますが、内容物が凍ったとき膨張する場合があるので、注意が必要です。

エコロジー

◆エコロジーを考えて、今までガラス容器を使っていたものを、ペットボトルにかえるという動きがあります。「同じ容積のガラスビンに比べて軽いので、輸送時のCO_2の削減になる」「キャップ、ラベルも含めてすべてリサイクルが可能」などの理由でペットボトル入りのワインも見られるようになりました。

tips

ペットボトルに入った炭酸飲料の保存は？

ペットボトルは耐圧性が低いので、炭酸飲料を保存するときには炭酸飲料用ペットボトルを使用します。

この炭酸飲料用ペットボトルは、炭酸ガスの圧力に耐えられるように容器が厚く作られていて、耐えられる圧力は６気圧程度です。これは、一般的な炭酸飲料では30℃のときの圧力であるため、炭酸飲料は30℃以下での保存が要求されています。同様に、ドライアイスを入れると昇華してCO_2（炭酸ガス）の圧力が上がるので危険です。

こうすれば失敗しない！

31. 後片づけに「湯のはたらき」

▷実験をサポートする重要アイテム

固体から液体への変化の実験で、べっこう飴やカルメ焼きを作ったあと、机の上に砂糖がこびりつくことがあります。そんなときには、湯をかけて溶かしたあと、ふきんでふきとります。「湯のはたらき」を再発見できます。

「湯のはたらき」で砂糖の汚れを落とす

おたまの汚れ

おたまにこびりついた砂糖は、湯を入れた鍋やフライパンで煮ると簡単にきれいになります。ただし、焦げついたものは、とれません。

caution!

湯、おたまなどは、すべて高温になっています。動かすときには、まわりの人に声をかけながら、注意して運ぶようにします。

アルコールランプの汚れ

アルコールランプについた汚れも、湯を入れた鍋やフライパンで煮るときれいに落とせます。アルコールランプを分解して芯やふたをはずし、アルコールをビーカーなどにあけて完全に除去してから、容器だけを鍋やフライパンで煮ます。

こんな失敗…

●べっこう飴やカルメ焼きを作ったが、砂糖が机やアルコールランプなどにこびりついてしまった。削り落とせない。

これで解決!!

●湯を用意して、湯で洗いましょう。

後片づけに重宝する「湯のはたらき」を活用しよう！

十分な湯を用意する

実験の後片づけのときに、十分な量の湯が使えるように用意します。鍋ややかん、フライパンなど何でもよいので、たくさんの湯を沸かしておきます（これをしていないと、片づけが終わりません）。

やかんに湯を沸かしておくと、机の上にかけて汚れ落としをするのに役立ちます。なお、持ち運ぶなら、ポットに入れたほうが安全です。

熱源はガスコンロを使い、鍋ややかんで沸かすのがいちばん便利です。理科室にガスコンロを１つ用意したいところです。カセットコンロでもよいでしょう。

汚れたものの落とし方

鍋やフライパンに湯を沸かしておくと、おたまや皿の汚れ落としに役立ちます。鍋やフライパンで煮ると簡単にきれいになりますが、湯の中におたまや皿をつけておき、あとで水洗いするだけでも、かなりきれいになります。

アルコールランプに砂糖がこびりついた場合、汚れを落とすには２通りの方法があります。容器の周囲についた汚れの量や面積が少なかったり小さかったりした場合は、ふたをきちんとして上から湯をかけます。汚れの量や面積が多かったり大きかったりした場合は、アルコールを抜いてビーカーなどにあけ、芯をはずして鍋の湯につけます。

ガスバーナーも同様にして汚れを落とします。

tips

砂糖は湯によく溶ける

一般に、水に物が溶ける量は、温度が上がるほど大きくなります。砂糖の場合、100ｇの水に溶ける量は、20℃で200ｇほどですが、80℃になると360ｇほど溶けるようになります（下巻70ページ「18. 石灰水はこうして作る」の「科学のメガネ」を参照）。

ですから、こびりついた砂糖の固まりは、削り落とすのではなく、湯に溶かして流すほうが賢明です。

ただし、砂糖が熱分解してしまって炭素になったら、湯に溶けません。この方法では落とせないので、削り落とすしかありません。

こうすれば失敗しない！

32. デジタル表示に欠かせない液晶画面のしくみ

▷実験をサポートする重要アイテム

実験で使う温度計やテスターなどにも、デジタル表示されるものが増えています。アナログ表示と違って、デジタル表示ならばだれが見ても同じ数字を読みとることができます。そのデジタル数字を映し出しているのが液晶画面です。液晶画面のような表示装置は液晶モニタまたは液晶ディスプレイと呼ばれています。

身近で見られる液晶モニタを使った製品

実験や観察などでは、顕微鏡に取りつけたカメラの映像や、デジタルカメラやビデオカメラで撮影した映像などを、液晶テレビに映し出して見ることがあります。温度計やテスターなども含め、機器の取り扱いとともに液晶画面の扱い方も知っておく必要があります。

温度計

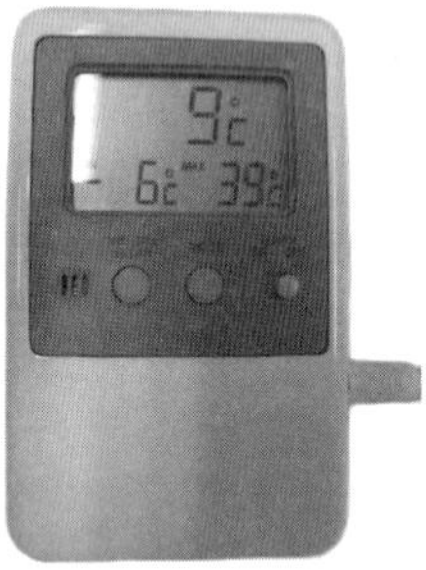

テスター

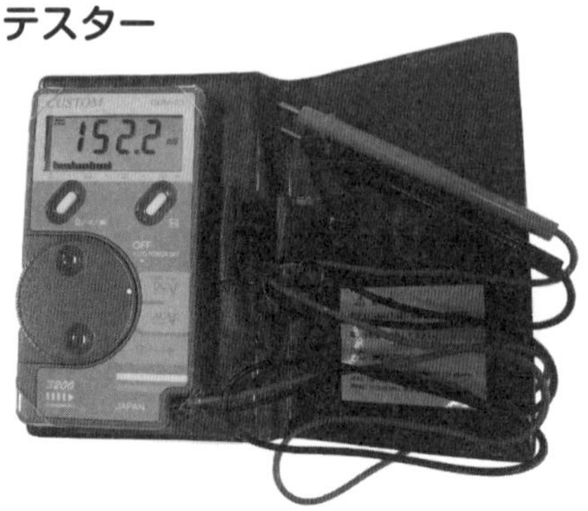

液晶モニタ

こんな失敗…

- 液晶画面にかたいものをぶつけたら、ぶつけたところの色が虹色になって、おかしくなってしまった。
- 液晶画面が暗くなってしまった。ライトをあててみると、かすかに見えるけれど、文字までは読めない。

これで解決!!

- 修理できないので未然に防ぐしかありません。液晶画面に指を押しつけたり、かたいものをあてたりぶつけたりしないように気をつけましょう。
- 液晶画面の中のバックライトと呼ばれている照明が切れている可能性があります。修理に出せば直るかもしれません。

液晶画面のトラブル対処法を知っておこう！

液晶画面にものをぶつけた場合

このトラブルに対しては、**未然に防ぐしかありません。**使いはじめる前に、“軽く”表面を触ってみましょう。少し明るさや色が変わるのがわかりますか？　とくに、ぷにょぷにょとやわらかい場合にはこわれやすいので注意しましょう。固い場合には、保護ガラスなどで覆われているので少し安心です。

子どもたちが使うときも、指を押しつけたり、細いものでついたり、かたいものをあてたりしないように注意をしておきましょう。また、液晶テレビの周辺でものをふり回して、画面にぶつけたりしないように気をつけさせましょう。

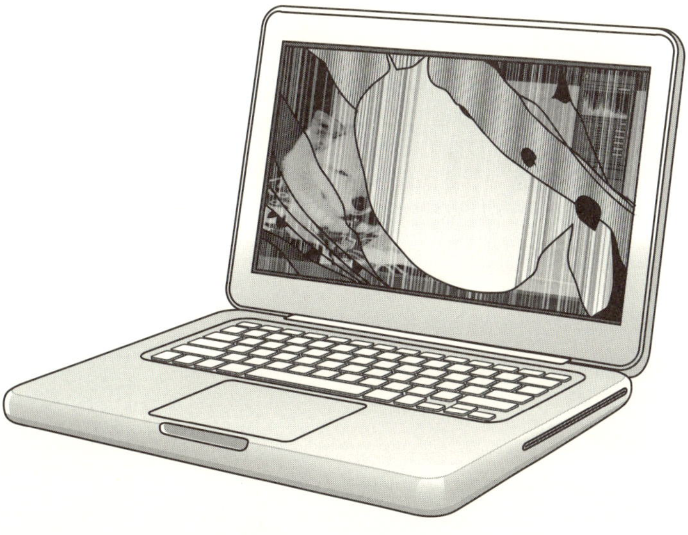

かたいものをぶつけて破壊された液晶画面

ライトをあてても文字が読めない場合

バックライトと呼ばれる照明が切れている可能性があります。液晶は、それ自体が光っているのではなく、バックライトから出た光の量を液晶の並び方によって調整することで映像を作っています。照明を交換できるタイプのものは、交換すれば再び使用できる可能性があります。電器店などに相談してみましょう。

科学のメガネ

液晶モニタとブラウン管

液晶モニタとはどのようなもの？

液晶モニタには、液晶パネルが使われています。液晶パネルは、おもに次の3つの部分からできています。

(1) 電極や偏光フィルターなどがついたガラス基盤

(2) 液晶（棒状や板状の形をした分子）

(3) カラーフィルターがついたガラス基盤

下の図「液晶ディスプレイの構造」の電極(③)で電圧をかけると、液晶(⑤)の分子を動かし、液晶の分子の並び方を変化させることができます。これにより、カメラのシャッターのように、バックライト(⑧)を出た光が、棒状や板状の液晶の分子の間を通れたり、通れなくなり遮られたりします。

液晶の分子の間を通った光がカラーフィルター(⑦)の赤いフィルターにあたれば、赤い

液晶ディスプレイの構造

[サンドイッチのような構造] カラー液晶ディスプレイの構造は、それぞれの構成要素がサンドイッチのように層状になっています。

❶偏光フィルター　出入りする光をコントロールする。

❷ガラス基盤　電極部からの電気がほかの部分に漏れないようにする。

❸透明電極　液晶ディスプレイを駆動するための電極。表示の妨げにならないよう透明度の高い材料を使う。

❹配向膜　液晶の分子を一定方向に並べるための膜。

❺液晶

❻スペーサー　液晶物質をはさむ2枚のガラス基盤に、均一なスペースを確保する。

❼カラーフィルター　RGBのそれぞれのフィルターをかけ、色を表示する。

❽バックライト　ディスプレイの背後から光を当て、画面を明るくする。モノクロ表示の液晶ディスプレイでは、これの代わりに「反射板」を使い、自然光で見えるようにしてあるものもある。

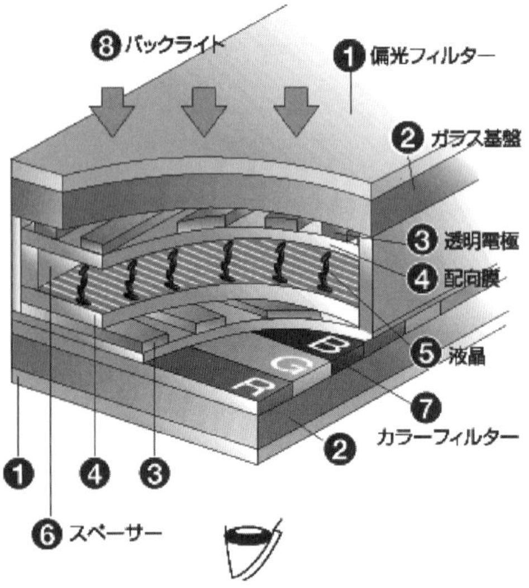

※この図と説明はシャープ株式会社の許諾を得て掲載しています。本文では液晶の表示装置を「液晶モニタ」と表記していますが、この図に関係する部分はシャープ株式会社の原図の表記に合わせて「液晶ディスプレイ」としました。

色が目に見えるようになります。

電卓のように、白と黒だけ表示できればよいものは、外から入ってきた光だけでモニタを表示できます。しかし、テレビのように、さまざまな明るさで表示するものは、外から入ってきた光だけでは画面を表示しきれず、暗い部屋では見ることができなくなります。

つまり、テレビやパソコン用の液晶モニタは、液晶を通過する強い光がなければ、美しい映像を見ることができません。そこで、バックライトが必要になります。

大ざっぱにみると、液晶パネルは、2枚のガラス板に液晶をはさんだものです。そのガラス板は、光を通すために透明度の高さが求められます。丈夫にできるからといって、分厚くするわけにはいかないのです。

液晶パネルは、薄いガラスを使って精密に組み立てられています。

画面を触ったり押したりしないように注意するとともに、やたらに触れられないようにアクリル板で覆うなどの工夫が必要です。

ブラウン管はどのようなもの？

一方、今までテレビなどに使われていたブラウン管は、どのような構造なのでしょう。

ブラウン管は、真空中で電子を飛ばし、それをコイルの磁気で曲げて、ガラスに絵を描いていくというしくみになっています。ガラスの内側には蛍光塗料が塗ってあり、それに電子があたることで光が出て、描かれた絵が目に見えるようになります。

電子を飛ばすためには、数千ボルトから数万ボルトという強力な電圧が必要です。このような高電圧で加速された電子が蛍光塗料に衝突すると、人体に危険なX線が発生します。

そこで、X線を吸収するために、ブラウン管には厚めの鉛ガラスが使われています。同じガラスを使っていても、ブラウン管と液晶パネルではその使い方が違うのです。

ブラウン管では内部を真空にするため、頑丈なガラスにして大気圧に対抗します。次に、X線を吸収するために、厚めのガラスにします。この2つの理由のため、ブラウン管のガラスは分厚いものとなり、ちょっとやそっと手でたたいたぐらいでこわれることはありません。

だから、ブラウン管のテレビはとても重く、一方で薄型の液晶テレビには、薄いガラスが使われているので大きさの割に軽いのです。

手で触っても、少々物がぶつかってもこわれない、という点では、ブラウン管のほうが安心して使えます。

消費する電力量が多いブラウン管

ブラウン管の中では、金属が加熱されて高温になることで電子が飛ばされます。この加熱のために大電力が必要なので、たくさんの電気を使うことになります。電力を熱に変える機械では、消費する電力量が多くなります。ドライヤー、電気ストーブ、電気ポットなど、電気を熱に変えて使う身近な機器は、1000W程度の電力を必要とします。

同じようにブラウン管も発熱をする機器なので、同じ大きさのテレビなら、液晶よりもブラウン管のほうが消費する電力量が多くなります。そのうえ、分厚いガラスを使うので重く、厚みが出るので広い設置場所も必要になります。

エコが求められる時代、より消費電力の少ない製品のほうが求められています。かつては世界に誇る技術でブラウン管を作っていた日本のメーカーも、今では国内生産を終了してしまいました。

こうすれば失敗しない！

33. ハロゲンランプの使い方

▷実験をサポートする重要アイテム

ハロゲンランプは授業で使われるOHPやプロジェクター、化学分析装置の光源などに使われています。ハロゲンランプの特徴や使い方を知って、授業や実験に生かしましょう。

ハロゲンランプとハロゲンランプが使われている機器

ハロゲンランプは白熱電球と同じ点光源なので、ピントが合わせやすく、文字や画像をくっきりと映し出すことができます。点光源は、レンズと組み合わせて、平行光線を簡単につくり出せます。ちなみに、蛍光灯は管自体が面で光っているので点光源にはなりません。

ハロゲンランプ

OHPやプロジェクター、化学分析装置などの光源にハロゲンランプが使われています。

OHP

化学分析装置

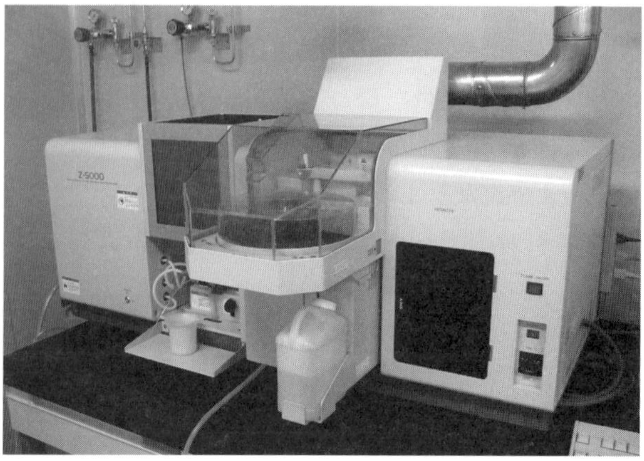

こんな失敗…

- プロジェクターを使い終わってすぐコンセントを抜いたら、電球が切れてしまった。
- プロジェクターの電球を交換するとき、やけどをしてしまった。

これで解決!!

- 電球からの発熱を外部に逃がすため、使い終わってもしばらくファンが回っています。プロジェクターのファンが停止してからコンセントを抜きましょう。
- プロジェクターのファンが停止してしばらくたって、電球が十分冷えてから交換しましょう。なお、交換時には、新品のランプのガラス面に指紋をつけないようにします。

ハロゲンランプの特徴を知ろう！

ハロゲンランプは白熱電球の一種

白熱電球の太陽光と同じ「白色光」という長所を生かし、寿命が短いという短所を補うために開発されたのがハロゲンランプです。

白熱電球よりも明るい光を出すことができますが、その分、発熱量も大きくなります。OHPやプロジェクターで、使用中にファンが回り続けているのは、電球からの発熱を外へ逃がすためです。

ハロゲンランプのしくみ

ハロゲンランプは電球（ガラス球）の中に、**アルゴンなどの不活性ガスと微量のハロゲンガスが封入されたもの**です。ハロゲンは、フッ素・塩素・臭素・ヨウ素など、元素の周期表の「17族」に属する元素です。

ハロゲンガスは電球の中で、フィラメントから蒸発したタングステンと化合してハロゲン化タングステンになります。ハロゲン化タングステンがフィラメント近くの高温の場所にくると、ハロゲンとタングステンに分離し、タングステンはフィラメントに付着します。この反応が繰り返されるので**ハロゲンサイクル**と呼ばれています。この反応によって、フィラメントがやせ細って切れてしまうのを遅らせることができます。

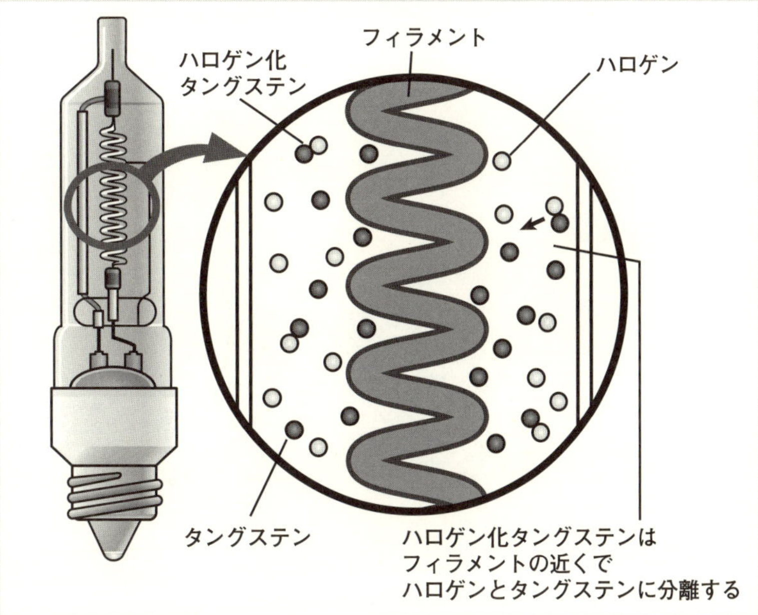

※電球のしくみについては、80ページ「20.電球が光るしくみを知る」を参照してください。

こうすれば失敗しない！

34. 土星の環《わ》を見る

▶学習指導要領　4年「月と星」　6年「月と太陽」

４年の「月と星」、６年の「月と太陽」の授業では、月や太陽や星の観察をとおして、子どもたちの天体に対する興味・関心を高め、理解を深めるための指導がされます。土星の環の観察は、その一環となります。

望遠鏡で土星の環を見る

月を観察したときよりも
口径（レンズの直径）が大きく
高倍率の望遠鏡を用意して、
土星の環を見てみましょう。

（提供　国立天文台）

こんな失敗…

- 望遠鏡で土星を観察しようとしたが、どれが土星だかわからなかった。
- 望遠鏡を土星に合わせたのに、くっきりとは見えなかった。

これで解決!!

- 土星の見える時期と位置を事前に確認しておきます。天気がよく、土星の高度が高くなったときに観察すると見ることができます。
- 望遠鏡を使いこなすと、土星の環やそのほかの惑星も見ることができます。

望遠鏡を使って土星の環を見よう！

用意するもの

望遠鏡、ライト（設置・片づけ用）、星図など。

土星の環を観察するには、
昼間のうちに望遠鏡のファインダーの
調整をしておきます。

ファインダーの調整

1 望遠鏡で遠くの電柱の先などをとらえます。

2 望遠鏡の主鏡の接眼レンズを通して見たとき、ファインダーを通して見たとき、どちらも視野の中心に電柱の先が見えるように、ファインダーの向きを合わせます。

望遠鏡の扱い方

1 三脚のネジをゆるめ、望遠鏡が自由に動くようにして、ファインダーをのぞきながら、望遠鏡を土星の向きに合わせます。

2 ファインダーの中心に土星が入ったら、ネジを締めて、望遠鏡を固定します。

3 主鏡の接眼レンズをのぞいてピントを合わせます。

caution!

望遠鏡や双眼鏡で太陽を見るのは厳禁です。失明のおそれがあります。

※望遠鏡の各部の名称については、下巻116ページ「31. 望遠鏡のしくみを知る」を参照してください。

科学のメガネ

土星の環の観察テクニック

土星（矢印の先）を肉眼で見ても、明るい星にしか見えない。

環があることが特徴的な土星ですが、写真や図ばかりではなく、実際に肉眼で見ると、その美しさにきっと忘れられない感動をおぼえることでしょう。土星は地球から近いときで約12億km、遠いときで約16億kmも離れている天体なので、月と同じようには観察できません。ある程度口径が大きい、高倍率の望遠鏡が必要になります。

それでは、土星の環を望遠鏡で観察するには、どのようなことに気をつければよいでしょうか。

観察計画を立てる

・『天文年鑑』などで、土星の位置、観察条件などを確認します。国立天文台が開発したMitakaなど、インターネット上で提供されている無料のソフトウェアも活用できます。満月の近くにあるなどの、悪い観察条件を避けて、好天で新月となる好条件の日時を確認することがたいせつになります。

・屈折望遠鏡ならば倍率30倍、口径40mmくらいであれば土星の環がはっきり確認できるでしょう。でも、それより大きい望遠鏡のほうがよく観察できるでしょう。

・肉眼で見てどれが土星なのかを確認します。明るい星で、星座に属していないので、何度か空を見上げればわかってくるでしょう。

自分で望遠鏡を合わせて、見てみる

・三脚（経緯台、もしくは赤道儀）のネジをゆるめ、望遠鏡が自由に動くようにします。

・ファインダーをのぞきながら、望遠鏡を土星の向きに合わせます。

・ファインダーの中心に土星が入ったら、ネジを締めて、望遠鏡を固定します。この時点では、まだ環は見えません。オレンジ色の点に見えます。

・主鏡の接眼レンズをのぞきます。中心から少々ずれているようなら、向きの微調整をします。

・30倍くらいの倍率であれば、ピントを合わせると、米粒のように小さい土星が見えるはずです。このとき、土星が中心から大きくずれているようなら、昼間にファインダーの調整をやり直します。

・倍率を上げれば、さらに環がはっきり見えます。100～200倍程度の倍率がほしいところです。ただし、その倍率にするには、口径の大きな望遠鏡が必要です。

・動いた土星を追いかけて、視野に入れ直します。この操作ができれば、十分に観察会で子どもたちに見せられます。

なるべくシーイングのよいときを選ぶ

大気が安定した状態のときに観察をします。空気は透明に見えますが、地球を覆っている大気はとても厚いので、風が強いときは空気の流れによって望遠鏡で見える画像が揺らいで見えることがあります。

冬季は空が澄んで星がちかちか瞬いているように見えますが、この星の瞬きは大気の揺らぎによるものなのです。つまり、冬季はシーイングが悪い状態が多いのです。

大気が安定して、空気の揺らぎがあまりない状態を、「**シーイングがよい**」といいます。**晴れさえすれば春霞や梅雨のころ**が、シーイングがよい時期といわれています。

また、低空の天体は天頂にある天体に比べて、より多くの大気の中を光が通ってくるために大気の影響を受けやすくなります。

もっと知りたい！

土星の環が消える

2009年８月11日、「土星の環が消える」というニュースがテレビや新聞などで話題になりました。土星は環が特徴的な惑星です。この土星の環がどうして消失してしまったのでしょうか。

土星の環はちりと氷でできていて、太陽の光を反射して輝いています。土星の自転軸は約26.7度傾いているため、環の表面に太陽光があたっているのです。しかし約15年に１度、土星の自転軸が太陽光線に対して垂直になるときがあります（土星は公転周期が約29年です。29年に２度、環が消えたように見える状態になります）。

このとき、土星の環は太陽から見て真横になるため、太陽光は表面ではなく、縁の部分にあたることになります。土星の環の直径は約27万kmもありますが、厚さはわずか１km程度（最新の研究では約10mともいわれています）しかないために、薄い縁の部分に太陽光があたってもあまり反射されないのです。そのため地球から見ると土星の環が消えたように見えるのです。

また、土星の環の平面上に地球がきた場合も環が消えたように見えます。この場合、地球と土星の公転による位置関係で、１年に３回起こるときがあります。

太陽の光が環を真横から照らす

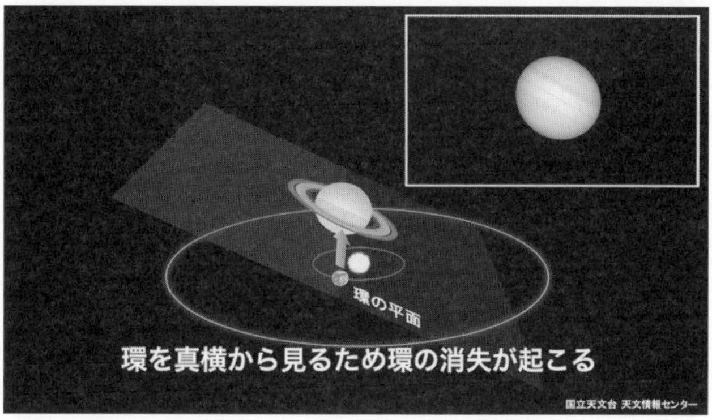

地球上からは環を真横から見るため、環の消失が起こる

（提供　国立天文台）

こうすれば失敗しない！

35. 天の川を見る

▶学習指導要領　4年「月と星」　6年「月と太陽」

双眼鏡を使って天の川を観察すると、肉眼では見えなかった無数の星（恒星）を見ることができます。子どもたちの天体に対する興味・関心が高まり、理解も深まるでしょう。

（写真提供　井本移動天体観測所 “ひげくま先生”）

双眼鏡で天の川を見るときは、最初にピントを合わせます。一つの双眼鏡を複数の子どもたちに使わせるときには、使うたびにピント調整が必要になることもあります。

こんな失敗…

●天の川を観察したいが、晴れた日に夜空を見上げてもよく見えない。

これで解決!!

●天の川は、観察する場所、使う機材、月の条件を考えて観察すると、見つけることができます。ただし、肉眼では晴れていても見ることはほとんどできないでしょう。双眼鏡を使ってみましょう。

天の川を観察しよう！

天の川を観察するには適した条件があります。環境を整えて夜空を見上げてみましょう。

用意するもの

望遠鏡、双眼鏡、ヘッドライト、星図など。

観察する場所

まわりにできるだけ**光源がない暗い場所**で観察することが大事です。

使用する機材

望遠鏡のほかに、**双眼鏡**も暗い星を見るのにとても役立ちます。双眼鏡は、天の川やアンドロメダ銀河などが見つけやすくなります。ただし、倍率が20倍を超えるようなものは、手ぶれの影響を受けるので使いにくくなります。

月

月が出ているときは、月あかりで星が見えにくくなります。**新月付近の月**であれば、月が出ている時間が短いので観察しやすくなります。天の川の光はふつうの星より淡いので、とくに見えにくいのです。

暗闇

暗闇に目を慣らすこともたいせつです。目が暗闇に慣れてくると、あかりがなくてもまわりの様子が驚くほど見えるようになります。あかりが必要なときは、赤いセロファンを2、3枚重ねて**減光したヘッドライト**を用意すると便利です。

tips

星の観察専用の双眼鏡

双眼鏡に示された「7×50」とは、7倍でレンズの直径が50mmという意味です。あまり倍率が高くなくレンズの直径が大きいほうが、天の川を見やすくなります。

科学のメガネ

天の川にはたくさんの星が見える

天の川とは

17世紀はじめ、ガリレオ・ガリレイは望遠鏡を使って天の川を観察し、天の川が無数の星の集まりであることを発見しました。双眼鏡で天の川をのぞくと、きっとガリレオが見たように、たくさんの小さな星がちりばめられた様子を観察することができるでしょう。

「小さな星」と書きましたが、本当に小さいわけではなく、地球から遠くにあるために地球からのみかけの明るさが暗く、大きさが小さく見えるだけなのです。

太陽のように自分で光輝く星を**恒星**といいますが、数えられないくらいの数の恒星が集まっているのが天の川の正体だったのです。

それでは、なぜこんなに恒星が集まっているのでしょうか。宇宙空間には星が多く集まっているところと、そうでないところがあります。恒星が集まっているところを銀河と呼びます。数ある銀河のなかでも、私たちが住んでいる地球を含む太陽系がある銀河を「**銀河系**」または「**天の川銀河**」と呼んでいるのです。太陽系は銀河系の端のほうにあります。

銀河系全体は直径約10万光年の薄い円盤のような形をしています。円盤の厚さは約1.5万光年で、中心部にたくさんの恒星が集まっています。地球から銀河系の中心方向を見ると大量の恒星が重なって見えます。これが天の川です。

天の川の正体は、銀河の中心にある、たくさんの星の集まりだったのです。

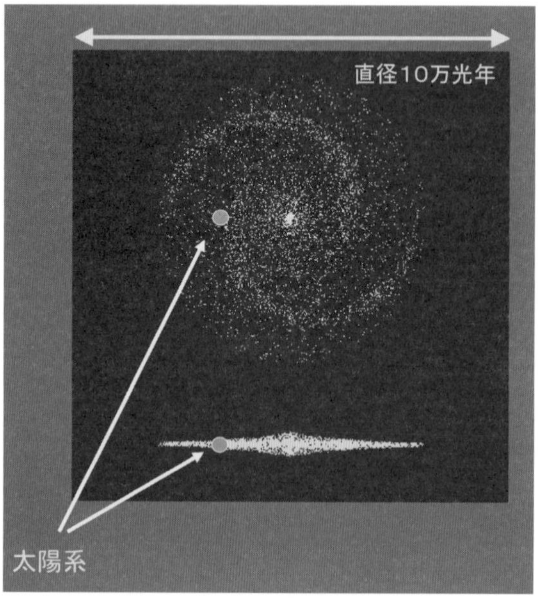

銀河系の想像図（提供　国立天文台）

双眼鏡で天の川を観察する

天体を観察するための双眼鏡は、倍率7～10倍前後、口径（レンズの直径）40～50mm程度のものがよいでしょう。倍率8倍、口径40mmの双眼鏡は、8×40と表示されていることがあります。

双眼鏡が準備できたら、以下の順に眼幅やピントなどを調整します。

①最初に双眼鏡をのぞいて視野の円が1つに重なるように、接眼部の幅を合わせます。

②次に、星が小さな点に見えるようにピント調整リングでピントを合わせます。まず、明るい星を双眼鏡で見て、折り曲げ部分にあるピント調整リングを回し、視度調整リングのない側でピントを合わせます。このとき、視度調整リング側の目は閉じておきます。

③左右の視力が違う場合、視度調整リングで調整します。ふつうは0にしておきます。調整するときは、視度調整リングを回してピントを合わせます。このとき、視度調整リングと反対側の目は閉じておきます。

一度ピント合わせをすれば、天体を見ている間はピントを合わせ直す必要はありませんが、一つの双眼鏡を複数の子どもたちに使わせる場合は、一人ひとりの目に合わせたピント調整が必要になることもあります。

双眼鏡が星の観察に使える理由は、対物レンズの口径（直径）が人間の瞳の直径より大きいからです。望遠鏡と同じように、大きなレンズは光を集める能力（集光能力）も高いのです（下巻116ページ「31. 望遠鏡のしくみを知る」を参照）。

暗くて見えない天の川の方向に双眼鏡を向けると、この集光能力のおかげで星が見えるようになります。北天ならばカシオペア座、ペルセウス座のあたり、南天ならば冬のおおいぬ座、こいぬ座、ふたご座あたり、夏のいて座、さそり座あたりに双眼鏡を向けてみましょう。肉眼では見えないたくさんの星が見えてきます。

高価な双眼鏡でなく、おもちゃの双眼鏡でも、多少色のにじみなどが出ますが、銀河の中心にある小さな星を見ることができます。もし双眼鏡があるなら、活用しましょう。

もっと知りたい！

銀河の話

銀河はその形状からいくつかに分類されます。銀河系は、以前は渦巻銀河の一種と考えられていましたが、最近では棒渦巻銀河であるとする説が有力になっています。銀河系は直径が約10万光年ですが、太陽系は直径が150億kmほどなので、光の速さで太陽系の直径を進むと、14時間弱というわずかな時間で通過してしまいます。銀河系の大きさを130kmとすると太陽系はわずか2mmとなり、いかに銀河系が大きいかがわかります。

銀河系の近くにはアンドロメダ銀河があります（近くといっても地球から約230万光年も離れています）。このアンドロメダ銀河は徐々に銀河系に近づいてきており、約30～40億年後には銀河系と衝突して合体し一つの大きな楕円銀河をつくると予想されています。

［資料］科学を深める基礎・基本

数式や化学式は科学の有力な道具

数式や化学式は、顕微鏡のように形のある実験器具ではありません。しかし、さまざまな自然現象を解き明かすための有力な道具の一種なのです。

物理量と単位

速度、力、エネルギーなどは「物理量」といわれます。

さまざまな物理量は、m（メートル）、kg（キログラム）、s（秒）、A（アンペア）などの「基本単位」を組み合わせることで表されます。

力の単位は kg・m/s^2 と表されます。基本単位を組み合わせて表される単位であることから、「組み立て単位（または誘導単位）」といわれています。しかし煩雑になるので、kg・m/s^2 = N（ニュートン）というように、一文字のNで表されることが多いのです。このように大文字で表される物理量の単位は、人名からつけられています。電流の単位アンペアは、人名アンペールからつけられたものです。

仕事を表す代数の W はWorkの頭文字なので、人名のワットからつけられた仕事率の単位のWとは無関係です。圧力の p は、電力の P と区別するために、小文字が使われています。同様に、速度は小文字の v、電圧は大文字の V が使われています。物理量を表す記号は斜字体で表します。

（1）基本単位

距離（x）、長さ（x）	m（メートル）	時間（t）	s（秒）
質量（m）	kg（キログラム）	電流（I）	A（アンペア）または C/s（クーロン毎秒）

（2）組み立て単位（誘導単位ともいう）

速度（v）	m/s（メートル毎秒）
加速度（a）、重力加速度（g）	m/s^2（メートル毎秒毎秒）
力（F）	N（ニュートン）、または、kg・m/s^2
エネルギー（E）、仕事（W）、電力量（W）、熱量（Q）	J（ジュール）、または、kg・m^2/s^2
仕事率（P）、電力（P）	W（ワット）、または、kg・m^2/s^3
圧力（p）	Pa（パスカル）、または、N/m^2
電圧（V）	V（ボルト）、または、J/C
抵抗（R）	Ω（オーム）、または、V/A

（注）電力量は、電力会社との契約上、習慣的にWh（ワット時）という単位を使うことが多い。1 Wh = 3600 J

◆単位の換算

1 atm（気圧）= 101325 Pa = 1013.25 hPa = 760 mmHg	1 cal（カロリー）≒ 4.19 J
1 mol（モル）= 6.02×10^{23}	0 ℃、1 atm、1 molの気体：22.4リットル
0 ℃ =273.15 K（ケルビン）	M（マグニチュード）が0.2大きくなると、エネルギーは約2倍になる。

物理量のイメージ

重力加速度は場所によって異なりますが、およそ $g = 9.81\ \mathrm{m/s^2}$ です。単1のマンガン乾電池（質量 $m = 0.105\ \mathrm{kg}$）1個にかかる重力は、

$F = m \times g = 0.105\ \mathrm{kg} \times 9.81\ \mathrm{m/s^2} = 1.03\ \mathrm{N}$

から、およそ1Nです。あなたが、電池1個を上向きに1m持ち上げると、1Jの仕事をしたことになります。このときにかかった時間が1sならば、仕事率は1Wということになります。ただし、電池を持ったまま横に1m移動しても、物理でいう仕事をしたことにはなりません。なぜなら、電池を支えるために加える力の向きは上向きですが、移動の向きは横向き（$\cos 90° = 0$）だからです。

電池を机に置いたときにかかる圧力は、－極の半径 $r = 0.0155\ \mathrm{m}$ から、

$p = F \div S = F \div (\pi \times r^2)$

$= 1.03\ \mathrm{N} \div \{3.14 \times (0.0155\ \mathrm{m})^2\} = 1.37 \times 10^3\ \mathrm{Pa}$

となります。

床から高さ $h = 1.00\ \mathrm{m}$ の地点にある電池1個は、

$U_g = m \times g \times h = F \times h = 1.03\ \mathrm{N} \times 1.00\ \mathrm{m} = 1.03\ \mathrm{J}$

から、およそ1Jの位置エネルギーを持っています。ここから電池を落とすと、最終的に総量で1Jの熱エネルギーが発生します。この間に、位置エネルギー→運動エネルギー→熱エネルギーという変換が起こっているのです。

物理公式

（1）等速直線運動

速度 $v = 5.0\ \mathrm{m/s}$、時間 $t = 10\ \mathrm{s}$ とすると、
距離 $x = v \times t = 5.0\ \mathrm{m/s} \times 10\ \mathrm{s} = 50\ \mathrm{m}$

（2）等加速度直線運動

初速度 $v_0 = 2.0\ \mathrm{m/s}$、加速度 $a = 3.0\ \mathrm{m/s^2}$、時間 $t = 4.0\ \mathrm{s}$ とすると、
速度　$v = v_0 + a \times t = 2.0\ \mathrm{m/s} + 3.0\ \mathrm{m/s^2} \times 4.0\ \mathrm{s} = 14\ \mathrm{m/s}$
初速度 $v_0 = 2.0\ \mathrm{m/s}$、加速度 $a = 3.0\ \mathrm{m/s^2}$、時間 $t = 4.0\ \mathrm{s}$ とすると、
距離　$x = v_0 \times t + (1/2) \times a \times t^2 = 2.0\ \mathrm{m/s} \times 4.0\ \mathrm{s} + (1/2) \times 3.0\ \mathrm{m/s^2} \times (4.0\ \mathrm{s})^2 = 32\ \mathrm{m}$

（3）運動の3法則

第1法則（慣性の法則）：
　外部から力が働かなければ、等速直線運動を続ける。最初に静止していたものは静止したまま。
第2法則（運動の法則）：
　力 $F = 20\ \mathrm{N}$、質量 $m = 5.0\ \mathrm{kg}$ とすると、加速度 $a = F \div m = 20\ \mathrm{N} \div 5.0\ \mathrm{kg} = 4.0\ \mathrm{m/s^2}$
第3法則（作用・反作用の法則）：
　壁や机を押す（作用）と、押した力と同じ大きさの力で、逆向きに押し返される（反作用）。

（4）力学的エネルギー

運動エネルギー：質量 $m = 4.0\ \mathrm{kg}$、速度 $v = 3.0\ \mathrm{m/s}$ とすると、
　運動エネルギー $K = (1/2) \times m \times v^2 = (1/2) \times 4.0\ \mathrm{kg} \times (3.0\ \mathrm{m/s})^2 = 18\ \mathrm{J}$
重力による位置エネルギー：質量 $m = 2.0\ \mathrm{kg}$、重力加速度 $g = 9.8\ \mathrm{m/s^2}$、高さ $h = 5.0\ \mathrm{m}$ とすると、
　位置エネルギー $U_g = m \times g \times h = 2.0\ \mathrm{kg} \times 9.8\ \mathrm{m/s^2} \times 5.0\ \mathrm{m} = 98\ \mathrm{J}$
弾性力による位置エネルギー：バネ定数 $k = 5.0 \times 10^2\ \mathrm{N/m}$、バネの伸び（または縮み）$x = 0.10\ \mathrm{m}$ とすると、
　位置エネルギー $U_k = (1/2) \times k \times x^2 = (1/2) \times 5.0 \times 10^2\ \mathrm{N/m} \times (0.10\ \mathrm{m})^2 = 2.5\ \mathrm{J}$

(5) 仕事

力 $F = 3.0\ \mathrm{N}$、力の向きへの移動距離 $x = 7.0\ \mathrm{m}$とすると、
仕事 $W = F \times x = 3.0\ \mathrm{N} \times 7.0\ \mathrm{m} = 21\ \mathrm{J}$

(6) 仕事率

仕事 $W = 50\ \mathrm{J}$、時間 $t = 2.0\ \mathrm{s}$ とすると、
仕事率 $P = W \div t = 50\ \mathrm{J} \div 2.0\ \mathrm{s} = 25\ \mathrm{W}$

(7) 圧力

力 $F = 1.0 \times 10^3\ \mathrm{N}$、面積 $S = 25\ \mathrm{m}^2$とすると、
圧力 $p = F \div S = 1.0 \times 10^3\ \mathrm{N} \div 25\ \mathrm{m}^2 = 40\ \mathrm{Pa}$

(8) オームの法則

電圧 $V = 10\ \mathrm{V}$、電流 $I = 5.0\ \mathrm{A}$ とすると、
抵抗 $R = V \div I = 10\ \mathrm{V} \div 5.0\ \mathrm{A} = 2.0\ \Omega$

(9) 電力

電圧 $V = 10\ \mathrm{V}$、電流 $I = 3.0\ \mathrm{A}$ とすると、
電力 $P = V \times I = 10\ \mathrm{V} \times 3.0\ \mathrm{A} = 30\ \mathrm{W}$

(10) 電力量

J（ジュール）による表現：電力 $P = 40\ \mathrm{W}$、時間 $t = 60\ \mathrm{s}$とすると、
電力量 $W = P \times t = 40\ \mathrm{W} \times 60\ \mathrm{s} = 2.4 \times 10^3\ \mathrm{J}$
Wh（ワット時）による表現：電力 $P = 40\ \mathrm{W}$、時間 $t = 1.8 \times 10^3\ \mathrm{s}$ とすると、
電力量 $W = P \times t \div 3.6 \times 10^3\ \mathrm{s/h} = 40\ \mathrm{W} \times 1.8 \times 10^3\ \mathrm{s} \div 3.6 \times 10^3\ \mathrm{s/h} = 20\ \mathrm{Wh}$

(11) 電流による発熱

電力 $P = 8.0 \times 10^2\ \mathrm{W}$、時間 $t = 3.0 \times 10^2\ \mathrm{s}$ とすると、
熱量 $Q = P \times t = 8.0 \times 10^2\ \mathrm{W} \times 3.0 \times 10^2\ \mathrm{s} = 2.4 \times 10^5\ \mathrm{J}$

物理公式の応用例

(1) 運動エネルギーと重力による位置エネルギー

〔問〕重力加速度 $g = 9.8\ \mathrm{m/s^2}$とする。高さ $h = 2.5\ \mathrm{m}$から物体を落下させると、地面にぶつかる直前の速さ v はいくらか？　答えは小数第1位まで求めなさい。

〔解〕$m \times g \times h = (1/2) \times m \times v^2$から、

$v^2 = 2 \times g \times h = 2 \times 9.8\ \mathrm{m/s^2} \times 2.5\ \mathrm{m} = 49\ \mathrm{m^2/s^2} = (7.0\ \mathrm{m/s})^2$

速さ $v = 7.0\ \mathrm{m/s}$

(2) 重力による位置エネルギーと弾性力による位置エネルギー

〔問〕重力加速度 $g = 9.8\ \mathrm{m/s^2}$とする。バネ定数 $k = 98\ \mathrm{N/m}$ のバネを垂直に立てておく。バネ自体の質量は十分に軽くて無視できるものとする。質量 $m = 0.25\ \mathrm{kg}$ の物体を、バネの上端から測って高さ $h = 1.0\ \mathrm{m}$ の位置から落とした。バネの最大の縮み x はいくらか？　数字は上から2けたまでを用いなさい。

〔解〕$m \times g \times (h + x) = (1/2) \times k \times x^2$ から、$0.25\ \mathrm{kg} \times 9.8\ \mathrm{m/s^2} \times (1.0\ \mathrm{m} + x[\mathrm{m}]) = (1/2) \times 98\ \mathrm{N/m} \times (x[\mathrm{m}])^2$、$20x^2 - x - 1 = (4x - 1)(5x + 1) = 0$となり、$x = 0.25$、$-0.20$となるが、$x \geqq 0$だから、最大の縮み$x = 0.25\ \mathrm{m}$

自然界のスケール

10^n m	長さの単位	およその大きさ
10^{26} m	約100億光年	〔観測可能な宇宙の大きさ（約137億光年）〕
10^{25} m	約10億光年	
10^{24} m	約1億光年	
10^{23} m	約1000万光年	
10^{22} m	約100万光年	
10^{21} m	約10万光年	銀河系（直径約10万光年）
10^{20} m	約1万光年	
10^{19} m	約1000光年	
10^{18} m	約100光年	
10^{17} m	約10光年	
10^{16} m	約1光年	〔太陽系にもっとも近い恒星の距離（約4光年）〕
10^{15} m	1兆km	
10^{14} m	1000億km	
10^{13} m	100億km	海王星の公転軌道（直径約100億km）
10^{12} m	10億km	木星の軌道（半径約7.8億km）
10^{11} m	1億km	〔地球と太陽の距離（約1.5億km）〕
10^{10} m	1000万km	
10^{9} m	100万km	
10^{8} m	10万km	〔地球と月の距離（約38万km）〕
10^{7} m	1万km	地球（直径約12756 km）
10^{6} m	1000 km	台風（発達した台風の直径）
10^{5} m	100 km	
10^{4} m	10 km	洞爺湖（直径約10 km）
10^{3} m	1 km	
10^{2} m	100 m	
10^{1} m	10 m	
10^{0} m	1 m	
10^{-1} m	10 cm	
10^{-2} m	1 cm	１円玉の半径
10^{-3} m	1 mm	（＝1000 μ《マイクロ》m）
10^{-4} m	100 μm	ヒトの卵細胞（直径100 μm前後）
10^{-5} m	10 μm	ヒトの赤血球（直径平均7.5 μmの円盤状）
10^{-6} m	1 μm	大腸菌（数μm×１ μm程度のカプセル状）
10^{-7} m	100 n《ナノ》m	インフルエンザウイルス、HIVウイルス
10^{-8} m	10 nm	細胞膜の厚さ、巨大分子
10^{-9} m	1 nm	ショ糖分子
10^{-10} m	100 p《ピコ》m	原子、水分子（＝１Å［オングストローム］）
10^{-11} m	10 pm	
10^{-12} m	1 pm	
10^{-13} m	100 f《フェムト》m	
10^{-14} m	10 fm	原子核
10^{-15} m	1 fm	核子（陽子、中性子）

教科書と一緒に使える
小学校理科の実験・観察ナビ 上巻

編者・著者一覧

【上巻・下巻　編者】

- **宮内 主斗**（茨城県公立小学校教諭）
- **玉井 裕和**（近畿大学附属小学校教諭）

【上巻　著者】

- **日外 政男**（交野市立第三中学校）
  10. ドライバーの正しい使い方　22. テスターを正しく使う　〔資料〕科学を深める基礎・基本*
- **岩瀬 正幸**（神奈川県公立小学校教諭）――宮内・玉井との共同執筆
  1. 植物を上手に育てる❶種子の「まき方」　4. カブトムシの飼育　7. 虫眼鏡を上手に使う　9. 注射器より使いやすい浣腸器　11. マッチを上手に使う❶マッチのしくみを知る　15. アルコールランプを安全に使う*　17. 磁石の正しい保管法　27. ゴム栓はポリ袋に入れて保管する　30. 身近な実験器具？ ペットボトルを活用する
- **久保田 英慈**（愛知産業大学三河中学校）
  16. ぬれ雑巾を使った安全対策
- **粉川 雄一郎**（茨城県公立高等学校教諭）
  28. ガラスの性質を知って実験器具を安全に扱う　29. ゴム栓にガラス管を通すときのテクニック　〔資料〕科学を深める基礎・基本*
- **鈴木 勝浩**（埼玉県松伏町立松伏第2中学校教諭）
  6. クモの飼育
- **関口 芳弘**（理化学研究所計算科学研究機構）
  19. 電池（乾電池）を使う―豆電球にあかりをつける―　21. 光電池を使う―豆電球にあかりをつける／モーターを回す―　26. これは便利！ インバーター蛍光灯　33. ハロゲンランプの使い方
- **野村 治**（京都府公立小学校教諭）
  5. チョウを育てる
- **橋本 頼仁**（枚方市立春日小学校教諭）
  8. ドライアイスの性質　14. 温度計を正しく使う*
- **舩田 優**（千葉県公立高等学校教諭）
  18. 方位磁針のメンテナンス
- **丸山 文男**（長野県公立高等学校教諭）
  14. 温度計を正しく使う*　20. 電球が光るしくみを知る
- **宮内 主斗**（茨城県公立小学校教諭）
  13. 摩擦マッチのしくみ―『マッチ売りの少女』のマッチのふしぎ―　31. 後片づけに「湯のはたらき」
- **三浦 秀行**（一関市教育委員会）――宮内・玉井との共同執筆
  34. 土星の環《わ》を見る　35. 天の川を見る
- **安永 卓生**（九州工業大学情報工学部生命情報工学科教授）
  32. デジタル表示に欠かせない液晶画面のしくみ

● **横須賀 篤**（さいたま市公立学校教員）

2. 植物を上手に育てる❷発芽の条件と土　3. 植物を上手に育てる❸植え替え　12. マッチを上手に使う❷マッチを安全に使う　15. アルコールランプを安全に使う＊　23. ホットプレートを有効に使う　24. 上手なはんだづけのコツ　25. 導線の被覆をきれいに取り除く

【協力者】

● **日外 誠祐**（元小学校教諭）

● **井本 彰**（井本移動天体観測所“ひげくま先生”）

【下巻　著者】

● **日外 政男**（交野市立第三中学校）

〔資料〕科学を深める基礎・基本＊

● **岩瀬 正幸**（神奈川県公立小学校教諭）――宮内・玉井との共同執筆

23. 指示薬を上手に使う❶リトマス紙　24. 指示薬を上手に使う❷BTB液（BTB溶液）　27. 水の性質を知る❶ガラス棒を伝わる（水素結合）　28. 水の性質を知る❷布がぬれる（毛細管現象）

● **久保田 英慈**（愛知産業大学三河中学校）

4. 顕微鏡を上手に使う❶光をうまくとり込む方法　6. 顕微鏡を上手に使う❸操作が簡単な双眼実体顕微鏡

● **粉川 雄一郎**（茨城県公立高等学校教諭）

9. メスシリンダーを正しく使う　10. ガスバーナーを安全に使う　〔資料〕科学を深める基礎・基本＊

● **佐藤 俊一**（山形県公立小学校教諭）

30. 振り子と同じ原理の電波時計

● **鈴木 勝浩**（埼玉県松伏町立松伏第２中学校教諭）

21. 実験で使う薄い塩酸を作る　25. 中和と中性の違い

● **関口 芳弘**（理化学研究所計算科学研究機構）

11. LED（発光ダイオード）を点灯させる

● **玉井 裕和**（近畿大学附属小学校教諭）

18. 石灰水はこうして作る

● **橋本 頼仁**（枚方市立春日小学校教諭）

13. 電流計・電圧計を使い分ける

● **宮内 主斗**（茨城県公立小学校教諭）

7.「てこ」のしくみを知る❶てこ実験器を正しく使う　26. ろ過を成功させる

● **三浦 秀行**（一関市教育委員会）――宮内・玉井との共同執筆

32. 月のクレーターを見る

● **安永 卓生**（九州工業大学情報工学部生命情報工学科教授）

16. 電流が流れると発熱する　29. 正確に時を刻むクォーツのしくみを知る　31. 望遠鏡のしくみを知る

● **矢吹 富美子**（東京都公立小学校講師）

12. モーターを作る　14. 電気を作る（発電）　15. コンデンサーで電気を蓄える

● **横須賀 篤**（さいたま市公立学校教員）

1. ヨウ素でんぷん反応❶種子の栄養を調べる　2. ヨウ素でんぷん反応❷消化のはたらきを調べる　3. 水中の小さな生物、プランクトンを採集する　5. 顕微鏡を上手に使う❷カバーガラスの取り扱い　8.「てこ」のしくみを知る❷輪軸で楽しく遊ぶ　17. スポイトの正しい使い方を覚える　19. 実験で使う酸素を作る　20. 実験で使う二酸化炭素を作る　22. 実験で使う水酸化ナトリウム水溶液を作る

（＊は該当する著者の共著）

教科書と一緒に使える
小学校理科の実験・観察ナビ　上巻

2011年８月30日　初版第１刷発行

編著者――宮内《みやうち》 主斗《きみと》・玉井《たまい》 裕和《ひろかず》
発行者――山田 雅彦
発行所――株式会社 日本標準
〒167-0052　東京都杉並区南荻窪3-31-18
TEL：03-3334-2620　FAX：03-3334-2623
ホームページ：http://www.nipponhyojun.co.jp/

編集協力・制作――株式会社 オブラ・パブリケーション
本文イラスト――涌田 利之
印刷・製本――株式会社 リーブルテック

ISBN978-4-8208-0549-6　C3037　Printed in Japan
＊乱丁・落丁の場合はお取り替えいたします。
＊定価はカバーに表示してあります。